INIBIÇÃO, SINTOMA E ANGÚSTIA

PARA LER FREUD

FREUD

1ª edição

INIBIÇÃO, SINTOMA E ANGÚSTIA

Por Michel Plon

Tradução por Clarisse Meireles

Revisão técnica por Silvia Pimenta Velloso Rocha

CIVILIZAÇÃO BRASILEIRA

Rio de Janeiro
2024

Copyright © Michel Plon, 2024

Capa e projeto gráfico de miolo
Gabinete de Artes/Axel Sande

Diagramação
Abreu's System

CIP-BRASIL. CATALOGAÇÃO NA PUBLICAÇÃO
SINDICATO NACIONAL DOS EDITORES DE LIVROS, RJ

P785i
1ª ed.

Plon, Michel
 Inibição, sintoma e angústia / Michel Plon ; organização Nina Saroldi ; tradução Clarisse Meireles ; revisão técnica Silvia Pimenta Velloso Rocha. Rio de Janeiro : Civilização Brasileira, 2024.
 (Para Ler Freud)

 Tradução de: Inhibition, symptôme et angoisse
 ISBN 978-85-2000-849-2

 1. Freud, Sigmund, 1856-1939. 2. Psicanálise. I. Saroldi, Nina. II. Meireles, Clarisse. III. Rocha, Silvia Pimenta Velloso. IV. Título. V. Série.

23-87352

CDD: 150.195
CDU: 159.964.2

Meri Gleice Rodrigues de Souza – Bibliotecária – CRB-7/6439

EDITORA AFILIADA

Todos os direitos reservados. É proibido reproduzir, armazenar ou transmitir partes deste livro, através de quaisquer meios, sem prévia autorização por escrito.

Este livro foi revisado segundo o Acordo Ortográfico da Língua Portuguesa de 1990.

Direitos desta edição adquiridos pela
EDITORA CIVILIZAÇÃO BRASILEIRA
Um selo da
EDITORA JOSÉ OLYMPIO LTDA.
Rua Argentina, 171 – Rio de Janeiro, RJ – 20921-380 –
Tel.: (21) 2585-2000.

Seja um leitor preferencial Record.
Cadastre-se em www.record.com.br e receba informações sobre nossos lançamentos e nossas promoções.

Atendimento e venda direta ao leitor
sac@record.com.br

Impresso no Brasil
2024

Para Leneide

> "[...] *da forma como chegou até nós – espontâneo e desordenado –, este ensaio é de importância capital.*"
> Peter Gay
> *Freud, uma vida para o nosso tempo*

> "[...] *não há ensinamento que não se refira ao que eu chamaria de um ideal de simplicidade.*"
> Jacques Lacan
> *O Seminário, livro X – A angústia*

Sumário

Apresentação da coleção — 11
Prefácio — 15
Introdução — 25

1. As etapas iniciais: 1894–1915 — 41

2. *A angústia*, 25ª conferência introdutória à psicanálise — 59

3. 1926: *Inibição, sintoma e angústia*, o livro das subversões — 77

4. *Angústia e instintos*, 32ª nova conferência introdutória à psicanálise — 115

Referências bibliográficas — 125

Cronologia de Sigmund Freud — 131

Outros títulos da Coleção Para Ler Freud — 137

APRESENTAÇÃO DA COLEÇÃO

Em 1939, morria em Londres Sigmund Freud. Hoje, passadas tantas décadas, cabe perguntar por que ler Freud e, mais ainda, qual a importância de lançar uma coleção cujo objetivo é despertar a curiosidade a respeito de sua obra.

Será que vale a pena ler Freud porque ele criou um campo novo do saber, um ramo da psicologia situado entre a filosofia e a medicina, batizado de psicanálise?

Será que o lemos porque ele criou, ou reinventou, conceitos como os de inconsciente e recalque, que ultrapassaram as fronteiras do campo psicanalítico e invadiram nosso imaginário, ao que tudo indica, definitivamente?

Será que devemos ler o mestre de Viena porque, apesar de todos os recursos farmacológicos e de toda a ampla oferta de terapias no mercado atual, ainda há muitos que acreditam na existência da alma (ou de algo semelhante), e procuram o divã para tratar de suas dores?

Será que vale ler Freud porque, como dizem os que compartilham sua língua-mãe, ele é um dos grandes estilistas da língua alemã, razão pela qual recebeu, inclusive, o Prêmio Goethe?

Será que seus casos clínicos ainda são lidos por curiosidade "histórico-mundana", para conhecer as "bizarrices" da burguesia austríaca do final do século XIX e do início do XX?

Será que, em tempos narcisistas, competitivos e exibicionistas como os nossos, é reconfortante ler um investigador que não tem medo de confessar seus fracassos, e que elabora suas teorias de modo sempre aberto à crítica?

Será que Freud é lido porque é raro encontrar quem escreva como se conversasse com o leitor, fazendo dele, na verdade, um interlocutor?

É verdade que, tanto tempo depois da morte de Freud, muita coisa mudou. Novas configurações familiares e culturais e o progresso da tecnociência, por exemplo, questionam suas teorias e põem em xeque, sob alguns aspectos, sua relevância.

Todavia, chama a atenção o fato de, a despeito de todos os anestésicos – químicos ou não – que nos protegem do contato com nossas mazelas físicas e psíquicas, ainda haver gente que se disponha a deitar-se num divã e simplesmente falar, falar, repetir e elaborar, extraindo "a seco" um sentido de seu desejo para além das fórmulas prontas e dos consolos que o mundo consumista oferece – a partir de 1,99.

Esta coleção se organiza em dois eixos: de um lado, volumes que se dedicam a apresentar um dos textos de Freud, selecionado segundo o critério de importância no âmbito da obra e, ao mesmo tempo, de seu interesse para a discussão de temas contemporâneos na psicanálise e fora dela. De outro, volumes temáticos – histeria, complexo de édipo, o amor e a fantasia, dentre outros –, que abordam, cada um, um espectro de textos que seriam empobrecidos se comentados em separado. No volume sobre a histeria, por exemplo, vários casos clínicos e artigos são abordados, procurando refazer o percurso do tema na obra de Freud.

A Editora Civilização Brasileira e eu pensamos em tudo isso ao planejarmos a coleção, mas a resposta à pergunta "por que ler Freud?" é, na verdade, bem mais simples: porque é muito bom ler Freud.

NINA SAROLDI
Organizadora da coleção

PREFÁCIO

Caros leitores,

Depois de um hiato de alguns anos causado, em última instância, pela pandemia e pelo pandemônio político-econômico que vivemos em nosso país, retomamos, com energia e alegria, os novos lançamentos da Coleção Para Ler Freud. Antes de comentar o presente volume, considero relevante mencionar o interesse especial do público pela coleção durante o período mais fechado da crise sanitária. Não apenas tivemos um significativo aumento da procura pelos títulos como também recebemos comentários positivos nas redes (nossas *praças públicas* durante o confinamento) e em canais especializados de psicanálise do YouTube.

Enquanto tantos apostaram e apostam em terapias breves e em receitas de bem viver funcionais, adaptativas – submetidas à lógica predatória de um capitalismo que, ao que tudo indica, está em seus estertores, ao menos no formato em que o conhecemos –, me parece auspicioso constatar que há pessoas interessadas em temas como o luto e a melancolia ou a psicologia das massas sob as lentes de Freud, lentes essas que não poderiam ser mais opostas à positividade tóxica propagada pela mídia corporativa e por *influencers* das mais variadas orientações. Nesse sentido, vale a pena lembrar o quanto Freud temia que a psicanálise se tornasse uma visão de mundo (*Weltanschauung*) – tema mencionado por Michel Plon neste livro –, que ela fosse capturada por um "esquema", uma concepção moral da vida psíquica, e que perdesse seu núcleo radicalmente libertário, que consiste em escutar cada um como sujeito único que é, com sua própria história e sua maneira de se haver com ela.

O que considero o verdadeiro encantamento da psicanálise – o que a faz sobreviver neste lugar estranho, como escreveu o próprio Freud, entre a medicina e a filosofia, contrapondo-se, muitas vezes, a determinadas linhas da psicologia – é o fato de seus conceitos básicos serem entretecidos, a cada análise, com a história única de cada paciente. Por mais que se fale, como é o caso em "Inibição, sintoma e angústia" (1926), do trauma do nascimento, pelo qual obviamente todos os que leem estas linhas passaram, o modo como cada qual viverá os efeitos dessa situação traumática – a saída do corpo da mãe e a necessidade de respirar por si mesmo – sempre será único e irreprodutível e, mesmo para o psicanalista mais experiente, impossível de ser decifrado de antemão. Como destaca Michel Plon, o que Freud aponta como problemático na teoria de Otto Rank sobre o trauma do nascimento é "uma espécie de reflexão subjacente, uma generalização semelhante à encontrada na abordagem da medicina: isolada uma causa, digamos, um bacilo, uma vez cultivado e inoculado, causaria a mesma afecção em qualquer indivíduo".[1]

Em uma época de tanto ruído, de tão pouco diálogo e muito monólogo disfarçado de comunicação, uma sessão de psicanálise, além de parecer anacrônica e analógica demais (mesmo quando realizada on-line), é como um oásis no deserto. Diante desse contexto, me parece especialmente adequado retomarmos o fio de nossa longa história – foram dezoito lançamentos, o primeiro em 2008 – com este volume, que consiste em um comentário de Michel Plon a "Inibição, sintoma e angústia".[2]

---

[1] p. 103.
[2] Considero interessante a tradução proposta por Renato Zwick, *Inibição, sintoma e medo*, para a editora L&PM. Não é o caso, aqui, de entrar em pormenores sobre a tradução do termo *Angst*, mas não posso deixar de considerar a relevância dos argumentos apresentados por Zwick, engajado em uma recuperação do alemão de Freud em todo o frescor coloquial de alguns de seus conceitos básicos,

Até para leitores familiarizados com a obra de Freud, o texto aqui analisado apresenta um grau de dificuldade significativo, não apenas pelo tamanho da ambição de falar de temas – sobretudo os do sintoma e da angústia (medo) – que exigem uma laboriosa retomada da história do pensamento psicanalítico, mas também porque, nele, Freud não poupa o leitor de suas digressões e, sobretudo, de suas discordâncias consigo mesmo. Nada contra as digressões, claro, eu não exigiria do mestre uma concisão *à la* Twitter, mas pode ser frustrante chegar ao final destes trechos e ler algo como: "O que a psicanálise nos permite dizer",

---

tais como *Trieb*, traduzido por Zwick como *impulso*. No Brasil, até a entrada da obra de Freud em domínio público, em 2010, recebemos suas palavras, majoritariamente, por traduções indiretas, seja do inglês, com toda a carga cientificista que os anglo-saxões colocaram em suas versões, seja do francês, cujas traduções são, ao menos em parte, influenciadas pela leitura feita de Freud por Jacques Lacan. Nos títulos da Coleção Para Ler Freud, optamos por manter os termos nas traduções consagradas pela tradição em nosso país, mesmo quando, como é o caso, não estamos certos de que elas sejam as melhores opções. Tal escolha se justifica porque, justamente, queremos ampliar a leitura de Freud, facilitar o acesso do público leigo ao seu pensamento. Desse modo, consideramos inadequado entrar em discussões que seriam mais interessantes para uma leitura acadêmica, especializada, da obra freudiana. No caso presente, ademais, Michel Plon é um psicanalista francês e de orientação lacaniana, o que justifica plenamente as escolhas de tradução aqui apresentadas por Clarisse Meireles.

enfatiza Freud nesse ponto de sua crítica a Rank, "é menos simples e menos satisfatório."[3]

Bons tempos em que os autores poderiam se dar a este luxo, o de conversar com os leitores sem pressa, sem querer convencê-los de seu ponto de vista, sem querer ganhar um *like* em poucos minutos. Ainda assim, chama a atenção do leitor o que há de confuso neste texto, sobretudo quando provém da pena de um autor conhecido por sua clareza e pela beleza de seu estilo. O próprio Michel Plon considera o ensaio "o exato oposto de um texto didático"[4] e cita um comentário do psicanalista britânico Edward Glover, grande admirador de Freud, que reforça essa opinião.

Freud escreveu o texto de 1926 motivado pelo livro *O trauma do nascimento*, de Otto Rank. Como costuma acontecer, depois de um elegante elogio, o pai da psicanálise se dedica a desconstruir, ao menos em parte, os argumentos de Rank, ao mesmo tempo que constrói sua própria teoria sobre o enigma da angústia. Dificuldades à parte, o escrito de Freud, embora fale pouco da inibição que en-

---
[3] Freud, Sigmund. *Inibição, sintoma e medo*. Tradução de Renato Zwick. Revisão técnica e prefácio de Márcio Seligmann-Silva. Ensaio bibliográfico de Paulo Endo e Edson Souza. Porto Alegre: L&PM, 2016.
[4] p. 78.

cabeça o título, apresenta a diferença entre esta e o sintoma e, sobretudo, se dedica intensamente à análise do misterioso afeto da angústia. É neste ponto, sem dúvida, que reside toda a importância do texto para o desenvolvimento do pensamento psicanalítico. Michel Plon, além de situar o escrito na história da obra freudiana (com a tranquilidade de quem foi coautor, junto com Elisabeth Roudinesco, do *Dicionário de psicanálise*), pontua seu comentário com referências à releitura do tema feita por Jacques Lacan, em seu *Seminário* sobre a angústia, de 1963–1964.

Voltando à pertinência da leitura de "Inibição, sintoma e angústia" em 2024, acredito que muitos se verão representados, neste momento pós-traumático da pandemia, nas inibições elencadas por Freud – entendidas por ele como, sobretudo, um estreitamento de determinadas funções, e não necessariamente um sintoma, como às vezes é o caso: disfunções sexuais, tais como impotência, distúrbios alimentares, inibição para o trabalho. *Quem nunca*, nestes últimos anos, se deparou com tais quadros?

Muito mais haveria a discutir sobre a explosão de sintomas e a onipresença da angústia e do medo durante o período pandêmico, em todo o tecido social. Os danos causados por uma doença desconhecida e, em muitos casos, fatal, geraram uma série de problemas na saúde mental da população. As consequências da crise sanitária sobre a subjetividade ainda vão continuar a incitar muita pesquisa em várias áreas do campo *psi*. A pandemia transformou o mundo em um laboratório de angústia (*Angst*), de medo (*Angst*), de receio e de terror (*Furcht*) a céu aberto. Percorremos, em vivências recentes, todos os matizes do tema apresentados por Freud e discutidos por Plon: o medo de algo presente, ou angústia *realista* (a Covid-19), a angústia *neurótica* (ligada a uma percepção exacerbada dos riscos de contaminação, por exemplo), o medo do desconhecido (das consequências políticas, econômicas e sociais da pandemia), o trauma causado por um excesso de excitação incontrolável, a sensação de impotência generalizada.

Em relação a este ponto, Michel Plon traz a crise ecológica como exemplo de medo justificado pelos dados da realidade externa e, por assim dizer, uma fonte legítima de angústia, embora esse medo, em cada um, adquira dimensões bastante variáveis, a depender do modo como ele ressoa no mundo interno do sujeito. Ou seja, a angústia (ou medo) realista, a também chamada *angústia sinal*, um alerta sensório-motor necessário, ao longo do processo evolutivo, à sobrevivência da espécie, não é, como afirma o autor, "tão racional quanto poderia parecer".[5] Se cada um modulasse seus medos a partir de conteúdos cientificamente estabelecidos, não haveria medo de avião nem de barata neste mundo.

Na investigação das relações entre inibição e formação de sintomas, Freud retoma os casos clínicos do Pequeno Hans e do Homem dos Lobos, reforçando o caráter fundamental das defesas psíquicas tanto nas fobias quanto na neurose obsessiva. Mais importante, ainda, é a relação estabelecida por Freud entre a formação de sintomas e a angústia. Por piores que sejam, os sintomas – mesmo na forma dos atos compulsivos mais incômodos para os obsessivos – obtêm como resultado a eliminação da situação de perigo interno, ligada ao recalque, que a angústia[6] sinaliza. Afinal, quando Hans situa, por assim dizer, os sentimentos negativos que nutre por seu pai, no contexto do complexo de Édipo, no medo de cavalos, é possível evitar o confronto com a fobia deixando de sair de casa. Nesse caso, o menino conseguiu, de modo inconsciente, fazer algo em relação a um

---
[5] p. 63.
[6] E aí o termo *angústia*, na opinião desta modesta germanófila, e apoiada nas observações de Renato Zwick, se aplicaria melhor do que o termo *medo*.

medo muito mais profundo, do qual não se pode escapar por ações específicas: o medo da castração ou, no limite, do Supereu, da instância crítica do aparelho psíquico.

De forma análoga, o obsessivo se *especializa* em criar para si, por meio de uma espécie de erotização do pensamento, satisfações substitutivas em seus atos e ideias repetitivas. A angústia, ou o medo sem objeto definido, sinaliza o perigo que pode vir de dentro do sujeito, do *Isso*, do de fora, da chamada realidade, sempre que o perigo apresentado na realidade, claro, ressoa no mundo interno do sujeito. De perigos mais externos, objetivos, podemos escapar por ações específicas de defesa, temos manuais de instrução para evitar incêndios e caixa de primeiros socorros para cuidar de acidentes. O medo do Supereu, fruto da internalização da autoridade externa, por outro lado, é a coroação de um processo que começa em tenra idade, quando somos bebês e tememos a perda do objeto materno, e que depois, na fase edípica, se torna o medo da castração. Ao contrário dos outros tipos de medo, que nos acompanham de modo mais ou menos atenuado, o medo do implacável Supereu nos acompanha a vida toda.

Michel Plon nos guia, com mão firme, por essa espécie de labirinto que envolve questões já anunciadas neste prefácio e várias outras, que exigem a leitura do livro. Afinal, o afeto da angústia (e do medo) foi e continua sendo sinal necessário para que consigamos lidar com os perigos externos, mistério profundo que se liga a conteúdos psíquicos recalcados, à formação de sintomas que tentam, paradoxalmente, ajudar o sujeito a conviver com esta aventura adoravelmente perturbadora que é a vida.

Boa leitura!

NINA SAROLDI

INTRODUÇÃO

Sobre a obra de Freud, seus escritos férteis, Lacan diz que são "pedras de espera", enigmas que tornam esses textos problemáticos "de tal modo que ler Freud é reabrir as questões", questões que poderíamos crer resolvidas.[1] Leiamos, pois, ou tentemos ler, com toda ingenuidade, sem prejulgar nem os impasses freudianos nem sua superação lacaniana, as querelas de Freud sobre a questão da angústia, tendo ao centro deste percurso o ensaio de 1926 "Inibição, sintoma e angústia", ensaio tardio sobre o qual temos algumas razões para pensar que ganha todo o seu interesse quando deciframos tanto o que o precedeu quanto o que o sucedeu nesta questão.

A menção às etapas deste itinerário poderá ser a oportunidade para entender, melhor do que em outras circunstâncias, o modo como Freud trabalhava. Com efeito, esses textos que tratam da angústia nunca se revelam completamente, e eis aí,

---
[1] Lacan, Jacques. *Le Séminaire, livre III, Les psychoses*. Paris: Seuil, 1981, p. 119. [Ed. bras.: *O Seminário, livro 3, As psicoses*. Tradução de Aluísio Menezes. Rio de Janeiro: Zahar, 1985, p. 123.]

ao mesmo tempo, uma de suas dificuldades e uma de suas especificidades, como *produtos acabados*, e, mais ainda, como *work in progress*, cujo caráter incompleto e, como tal, insatisfatório, Freud nunca deixa de enfatizar. Mas há outro interesse em se debruçar sobre uma elaboração fragmentada: percorrer, ainda que de forma sucinta, o que foi pensado muitos anos após sua morte, mais especificamente a contribuição lacaniana sobre a questão da angústia, para iluminar, ainda que timidamente, a articulação entre as duas abordagens.

O que podemos considerar, e veremos por que, como centro de gravidade dessa exploração da angústia, é, portanto, este ensaio de 1926, ensaio pouco ou mal-amado pelos psicanalistas, quase sempre ignorado por um público mais amplo, ainda que interessado, por diversas razões, pela psicanálise.

Ainda mais do que ocorre em relação a muitos de seus outros trabalhos, o próprio Freud mostra-se no mínimo ambivalente em seu julgamento sobre o ensaio. Em uma carta a Sándor Ferenczi, menciona a mediocridade do estilo desse "troço",[2]

---

[2] Carta de 1º dez. 1925 em que menciona sua inibição em relação à sua doença (câncer), que o impedia de revisar o texto antes da impressão. De fato, Freud não havia respondido uma carta anterior em que o húngaro pedia-lhe que enviasse uma cópia

ao qual se refere, ainda, em carta a Ernest Jones, como uma "pequena brochura"[3] prestes a ser impressa. A Karl Abraham, confidencia, em julho de 1925, ter escrito "alguns pequenos ensaios", incluindo esse que nos interessa aqui, e reconhece não o ter levado realmente a sério, acrescentando: "Talvez lhe fale sobre eles mais tarde, quando for capaz de reconhecê-los como meus."[4]

Poderíamos, assim, ceder à facilidade de acreditar que o texto, publicado em circunstâncias no mínimo turbulentas, seria de interesse apenas secundário. Mas isso seria um equívoco, pois, além do fato de o tema da angústia ser objeto de questionamentos recorrentes ao longo de todo o trabalho freudiano, a apreciação de Freud sobre o ensaio é, no mínimo, contraditória. Com efeito, às observações bastante críticas, quando não negativas, que acabamos de mencionar, seguem ou coexistem outras de tom e juízo radicalmente

---

do manuscrito mencionado (carta de 14 ago. 1925), referindo-se a "algo tão mal escrito que provavelmente terá que ser reescrito", acrescentando que chegou a se perguntar se aquilo deveria permanecer não escrito. Freud, Sigmund e Ferenczi, Sándor. *Correspondance 1920–1933: Les années douloureuses*. Paris: Calmann-Lévy, 2000.

[3] Freud, Sigmund e Jones, Ernest. *Correspondance complète 1908–1939*. Paris: PUF, 1998, carta de Freud de 25 set. 1925.

[4] Freud, Sigmund e Abraham, Karl. *Correspondance complète 1907–1925*. Paris: Gallimard, 2006, carta de Freud de 21 jul. 1925.

diferentes. Como quando confidencia à sua "querida e indestrutível amiga" Lou Andreas-Salomé,[5] que pensa ter "encontrado algo fundamental para o nosso objeto que ainda quero guardar um tempo para mim. Uma descoberta da qual deveríamos, para dizer a verdade, nos envergonhar, pois deveríamos ter descoberto tais relações desde o início, e não trinta anos depois. Uma nova prova de que somos todos falíveis".[6] A "descoberta" em questão dará a esse texto de 1926 a característica de centro de gravidade do percurso freudiano sobre a angústia.

Assim, ainda, ao pastor Pfister,[7] longe de minimizar o alcance do "pequeno ensaio" que acabava de lhe enviar, escreveu que a "nova brochura abalará muitas tradições e tem por objetivo dar nova fluidez a coisas que já pareciam petrificadas". E, após essa introdução, que reflete uma convicção bem estabelecida, faz uma consideração não exa-

---

[5] Andreas-Salomé, Lou. *Correspondance avec Sigmund Freud suivie du* Journal d'une année *(1912–1913)*. Paris: Gallimard, 1970, carta de Freud de 10 maio 1925.
[6] A expressão alemã "*überall mit Wasser gekocht*" significa literalmente "não há exceção, todos podem se enganar". Cf. Schur, Max. *La mort dans la vie de Freud*. Tradução de Brigitte Bost. Paris: Gallimard, 1975, p. 455.
[7] Sigmund, Freud e Pfister, Oskar. *Correspondance de Freud avec le pasteur Pfister 1909–1939*. Paris: Gallimard, 1966, carta de Freud de 3 jan. 1926.

tamente amável, mas de inegável atualidade, sobre seus colegas: "Os analistas que querem a paz e a certeza acima de tudo ficarão insatisfeitos ao se verem, uma vez mais, obrigados a revisar seus conhecimentos." E, como se lhe parecesse essencial temperar esse julgamento abrupto, acrescenta: "Mas seria pretensioso acreditar que eu tivesse conseguido desta vez resolver definitivamente o problema suscitado pela articulação da angústia e da neurose."[8]

O que é angústia? Com efeito, a questão freudiana não encontrou sua resposta definitiva em 1926. Veremos que posteriormente não será diferente.

Qual é, então, a natureza; qual a origem dessa manifestação tão familiar, experimentada por todos os seres humanos? A angústia concerne apenas ao registro somático – palmas das mãos molhadas de suor, transpiração, febre e tremores? Ou ao registro psíquico – medos, terrores, fobias? Freud, num primeiro momento, encontrará muita dificuldade para ver com clareza e identificar qual

---

[8] É justamente essa articulação que Bleuler logo questionará, assim como outros pontos que revelarão a ambivalência do psiquiatra de Zurique em relação à obra freudiana, pela qual, no entanto, não deixa de expressar admiração. Ver Freud, Sigmund e Bleuler, Eugen. *Lettres*. Paris: Gallimard, 2016. (Collection Connaissance de l'Inconscient.)

dos dois registros é primordial. Tais questões, bem como as da diversidade e intensidade das formas de angústia, constituem um tema que percorre toda a obra do inventor da psicanálise. Encontramos evidências disso, e também os primeiros esboços de uma teorização do fenômeno, desde o princípio do trabalho freudiano, à época da correspondência com Wilhelm Fliess e dos célebres "rascunhos" que a pontuam. Traços desta preocupação também estão em um tempo contemporâneo, o tempo dos *Estudos sobre a histeria*, que assinou com Josef Breuer em 1895, e também do *Projeto para uma psicologia científica* (*Entwurf einer Psychologie*). O questionamento permanece e reaparece no contexto de uma das *Conferências introdutórias à psicanálise*, publicadas em 1917 – o conjunto das conferências, tendo ocupado três períodos, conduzirá, sem que se possa realmente falar de um encadeamento lógico, a um ensaio de 1926 de título ternário – Lacan chamará o título de "slogan"[9] – único na obra de Freud, que privilegia títulos binários – *O eu e o isso*, *As pulsões e seus destinos*, *Luto e melancolia*. Freud voltará à

---

[9] Lacan, Jacques. *Le Séminaire, livre X, L's*, edição de Jacques Alain Miller. Paris: Seuil, 2004. [Ed. bras.: *O seminário, livro 10, A angústia*. Rio de Janeiro: Zahar, 2005, p. 17.]

questão da angústia em 1933 inesperadamente, retorno ditado por circunstâncias nem sempre diretamente de ordem teórica, primeiro nas *Novas conferências*, naquela parcialmente dedicada à questão, e, por fim, no que será a aparição final do tema em sua obra, numa menção nos *Pós-escritos*[10] de sua autobiografia, quando, ao recapitular os momentos mais importantes de sua trajetória, ressalta a importância da relação entre recalque e angústia, sem, no entanto, acrescentar nada de novo em relação ao ensaio de 1926.

Antes de percorrer as quatro etapas dessa exploração freudiana da angústia, devemos nos perguntar em que contexto, tanto profissional quanto privado, foi produzido esse ensaio publicado em 1926, objeto de apreciações tão diversas.

O que acontece no verão de 1925, período em que foi escrito? Em carta a Max Eitingon,[11] Freud fala do *"dolce far niente"* de que desfruta, perturbado apenas, diz, pela "conclusão de alguns

---

[10] Freud, Sigmund. "Post-scriptum de 1935". In: *Sigmund Freud présenté par lui-même*. Paris: Gallimard/Folio bilingue, 2003. [Ed. bras.: "Autobiografia/Pós-escritos". In: *Obras completas*, vol. 16, *O Eu e o Id, "Autobiografia" e outros textos*. Tradução de Paulo César de Souza. São Paulo: Companhia das Letras, 2011.]

[11] Freud, Sigmund e Eitingon, Max. *Correspondance 1906–1939*. Paris: Hachette Littératures, 2009, carta de Freud de 16 jul. 1925.

pequenos escritos iniciados em Viena", dentre os quais *Inibição, sintoma e angústia*. Mas sabemos que outras contrariedades vêm perturbar esse *belo verão*, particularmente o sofrimento, já intenso naquela época, causado pelo tumor maligno que começou a se manifestar mais de dois anos antes e o acompanha desde então. Anos marcados também por tristes acontecimentos, começando pela morte de sua filha Sophie, em 1920, seguida daquela, no mesmo ano, do amigo Anton von Freund, a quem tanto devia a Internationaler Psychoanalytischer Verlag, que Freud e todos os seus colaboradores chamam de *Verlag* (editora), vetor de difusão dos livros de Freud, verdadeiro nervo da guerra pela psicanálise; e, finalmente, o falecimento de seu querido neto Heinele. Na fronteira entre sua vida pessoal e a psicanálise – e sabemos que, para Freud, a primeira só interessa quando inscrita na segunda –, surge a doença de Karl Abraham, uma doença sorrateira, cuja natureza não será imediatamente identificada e cuja gravidade será subestimada, a ponto de levá-lo à morte em dezembro daquele mesmo ano de 1925, perda irremediável para a "causa", como dirá Freud. Abraham morre provavelmente sem ter conhecido o trabalho sobre a angústia ou mesmo tomado conhecimento do primeiro número do *Almanaque da psicanálise*, distribuído em setembro do mesmo ano aos participantes do Congresso de Bad-Homburg.[12]

Tão logo *Inibição, sintoma e angústia* é publicado, estoura o caso de Theodor Reik, membro da Sociedade Psicanalítica de Viena, contra quem é apresentada uma queixa por prática ilegal da medicina. Freud imediatamente se coloca em seu favor e redige um pequeno texto[13] cujo alcance vai muito além do caso de Reik, pois constituirá uma defesa, que permanece atual, da *"Laienanalyse"*, a psicanálise "leiga" ou "profana", isto é, independente, tanto na teoria como na prática, da medicina e da psiquiatria. Isso ocorreu precisamente no momento em que os analistas americanos, notadamente sob a liderança de Abraham Arden Brill, ameaçam romper com Freud se ele persistisse na defesa da prática da psicanálise por não médicos.[14] A psicanálise defendida por Freud não

---

[12] Cf. sobre este ponto o livro de Henriette Michaud, *Freud éditeur*. Paris: Campagne Première, 2015.
[13] Freud, Sigmund. *La question de l'analyse profane*. Paris: Gallimard, 1985. [Ed. bras.: "A questão da análise leiga", in Freud, Sigmund, *Obras completas, vol. 17, Inibição, sintoma e angústia, O futuro de uma ilusão e outros textos (1926–1929)*. Tradução de Paulo César de Souza. São Paulo: Companhia das Letras, 2014, pp. 124–230.]
[14] Cf. sobre a questão e sua pertinência neste início do século XXI, Aouillé, Sophie; Bruno, Pierre; Chaumon, Franck; Lérès, Guy; Plon, Michel; Porge, Erik. *Manifeste pour la psychanalyse*.

se confronta, portanto, nesses anos 1920, apenas com adversidades externas, mas também com aquelas surgidas dentro do movimento psicanalítico que, como sabemos, trarão consequências. Mas há outro caso surgido nesse mesmo período que está diretamente ligado à preparação e à escrita de *Inibição, sintoma e angústia*: o chamado *caso Rank*, marcado primeiramente pelo livro desse autor sobre o trauma do nascimento[15] e em seguida pela publicação, com Ferenczi, de outra obra, *Perspectives de la psychanalyse*,[16] duas obras que levarão ao doloroso rompimento com Rank e ao distanciamento de Ferenczi.[17] Por fim, além do fato de marcar os setenta anos de Freud, o ano de 1926 é também aquele em que surgem as primeiras dificuldades econômicas sérias da já mencionada

---

Paris: La Fabrique, 2010. [Ed. bras.: *Manifesto pela psicanálise*. Tradução de Clóvis Marques. Rio de Janeiro: Civilização Brasileira, 2015.]

[15] Rank, Otto. *Le traumatisme de la naissance* [1924]. Paris: Petite Bibliothèque Payot, 2002. [Ed. bras.: *O trauma do nascimento e seu significado para a psicanálise*. Tradução de Érica Gonçalves de Castro. São Paulo: Cienbook, 2016.]

[16] Ferenczi, Sándor e Rank, Otto. *Perspectives de la Psychanalyse* [1924]. Paris: Payot, 1994.

[17] Sobre a questão das relações de Freud com Rank e Ferenczi, referimo-nos particularmente aos livros: Lugrin, Yves. *Impardonnable Ferenczi, Malaise dans la transmission*. Paris: Campagne Première, 2011; e Safouan, Moustafa. *La psychanalyse Science, thérapie – et cause*. Paris: Thierry Marchaisse, 2014.

Verlag, que lhe era tão cara. Tudo isso nos leva a, antes de examinar as diferentes etapas do trabalho de Freud sobre a angústia, evocar as reações ao livro no momento de sua publicação e a considerar as avaliações contemporâneas a seu respeito.

As reações do que podemos chamar de círculo mais próximo – composto por alunos, discípulos, amigos e membros do Comitê Secreto, fundado em 1912 por iniciativa de Ernest Jones – são bastante raras, na maioria das vezes convencionais, quando não reticentes.

A Ferenczi, que pedira para receber o livro o mais rápido possível – ele já havia solicitado, como vimos, uma cópia do manuscrito –, Freud envia um exemplar recém-saído do prelo em fevereiro de 1926, mas não há qualquer registro de que tenha sido recebido; em carta circular datada de 18 de abril de 1926, Ferenczi informou aos "Amigos" que se encarregaria da resenha do livro, o que acabou não fazendo, tendo escrito, contudo, um prefácio para a edição inglesa, em 1927.

Muito mais loquaz, Jones diz ter "saboreado" o livro, ficado satisfeito com o fato de Freud, apesar do sofrimento, não ter perdido sua "energia", e revela cautelosamente algumas de suas ressalvas e divergências em relação à obra: "Se bem apreendi o conteúdo desta primeira leitura", escreve, "acho o livro [*Inibição, sintoma e angústia*] bastante persuasivo e convincente".[18] "Se bem apreendi"! Prudência que tenderá a desaparecer mais tarde, após a morte de Freud, quando o mesmo Jones escreverá em sua monumental biografia do mestre que o livro foi escrito "sem intenções sérias".[19] Sobre uma possível tradução para o inglês, Jones já havia expressado abertamente suas reservas em carta de 27 de janeiro de 1927, afirmando que o livro não era "feito para o grande público", o que implica "que nenhum editor inglês consideraria traduzi-lo". Freud interpreta essa avaliação como marca do mau humor do galês, que não teria apreciado a autorização dada, pelo próprio autor, ao neurologista nova-iorquino Pierce Clark, para que publicasse o livro nos Estados Unidos.[20] Jones, aliás, voltará à questão em carta a Freud datada de 14 de outubro de 1929, na qual afirma que "o mundo anglo-saxão se vê condenado a uma tradução americana ruim", cuja existência, por culpa de

---

[18] Freud, Sigmund e Jones, Ernest. *Correspondance complète. Op. cit.*, carta de 6 mar. 1926.
[19] Jones, Ernest. *La vie et l'œuvre de Sigmund Freud, vol. 3*. Paris: PUF, 2006, p. 134. [Ed. bras.: *Vida e obra de Sigmund Freud*. Tradução de Marco Aurélio de Moura Mattos. Rio de Janeiro: Zahar, 1970.]
[20] Cf. Freud, Sigmund e Eitingon, Max. *Correspondance 1906–1939. Op. cit.*, carta de Freud a Eitingon de 2 fev. 1927.

Freud, teria impedido uma tradução inglesa, que ficasse evidente! A questão da tradução inglesa das obras de Freud será, mais de uma vez, motivo de rusgas entre os dois psicanalistas.

Bem mais tarde, em 1938, Edward Glover, fervoroso admirador de Freud, não hesitará em dizer que *Inibição, sintoma e angústia* é "o livro mais confuso já publicado por alguém que se revelou um mestre da argumentação metódica".[21]

Mais recentemente, no contexto de uma das melhores biografias de Freud, Peter Gay[22] não esconde sua insatisfação em relação a este texto: ao mesmo tempo que faz um dos mais claros resumos do livro e expressa sua admiração por ele, "este ensaio é de importância capital" – opinião, aliás, pouco fundamentada –, afirma que:

> o livro é menos satisfatório, do ponto de vista literário, do que a maioria dos escritos de Freud [...]. As ideias são despejadas ao longo da obra sem o cuidado de explicar sua lógica interna, como se Freud tivesse se cansado da árdua tarefa de renovar constantemente seu edifício estrutu-

---

[21] Citado por Assoun, Paul Laurent. *Dictionnaire des œuvres psychanalytiques*. Paris: PUF, 2009.
[22] Gay, Peter. *Freud Une vie*. Paris: Hachette, 1991. [Ed. bras.: *Freud: uma vida para o nosso tempo*. Tradução de Denise Bottmann. São Paulo: Companhia das Letras, 1988.]

ral [...], sendo o próprio título, *Inibição, sintoma e angústia*, uma simples enumeração que manifesta sua incerteza".[23]

Jacques Lacan, por sua vez, não se limita a fazer comentários sobre o livro de Freud, muito menos a resumi-lo em poucas páginas: dedica um ano de seu seminário à questão da angústia e, recorrendo a uma das fórmulas lapidares que o caracterizam, anuncia que, "no discurso de *Inibição, sintoma e angústia*, fala-se de tudo, graças a Deus, exceto da angústia".[24] Mas não deixa de se apoiar, no limiar de sua reflexão, na concepção freudiana de angústia, usada como alavanca para desenvolver uma abordagem completamente nova, que implica a centralidade da noção de *real*, a insistência na dimensão do desejo e a introdução daquilo que ficará marcado como sua invenção, o objeto *a*.

Mesmo que não tratemos aqui dessa contribuição lacaniana, nos permitiremos enriquecer nossa leitura desse percurso freudiano com algumas observações e comentários de Lacan. Por ora, limitemo-nos a lembrar que à questão fundamental

---
[23] *Ibidem*, pp. 557–558.
[24] Lacan, Jacques. *Le Séminaire, livre X, L's*. Op. cit., p. 18. [Ed. bras., p. 18.]

apresentada por Freud desde o início de sua reflexão, *em que consiste a angústia*, Lacan responde, inicialmente, descartando a ideia de que pudesse ser uma emoção, ideia cara a muitos filósofos, e afirmando que a angústia é um afeto. Afeto que, dirá ele, "*não engana*".

1. AS ETAPAS INICIAIS: 1894-1915

Os primeiros passos, etapas iniciais ainda um pouco confusas, pertencem ao período muitas vezes descrito – para nós, de forma equivocada – como *pré-psicanalítico*. Mesmo que o termo *psicanálise* não apareça na pena de Freud antes de 1896, e ainda que a fundamentação neurológica e fisiológica de seu pensamento nesses primeiros anos de 1890 seja indiscutível, o fato é que – como constataremos a cada momento deste percurso – desde o início ele se baseou na ideia de algo além dessa fundamentação, na ideia de dever e poder explorar um campo até então ignorado ou tratado sem o rigor científico que almejava.

Existe um paradoxo apenas aparente, pois, como Lacan observa, e não sem razão, de certa forma partimos com Freud em busca da angústia sem realmente encontrá-la. Mas é igualmente verdadeiro que a inibição e o sintoma – os dois outros elementos do título do ensaio – são questões secundárias na obra: a angústia, cuja possível especificidade é investigada na forma de uma neurose de angústia, próxima, porém distinta, da histeria, é o que retém prioritariamente a atenção de Freud. Poderíamos concordar com a afirmação de Emilio Rodrigué quando propõe que, em vez do título ternário *Inibição, sintoma e angústia*, teria sido "mais justo chamar esta obra de *O livro da angústia* assim como o *Traumdeutung* é *O livro dos sonhos*"?[1] Provavelmente não, entre outras razões, porque, ao contrário do sonho, Freud, seja em 1926 ou posteriormente, nunca chegará a uma concepção conclusiva do fenômeno da angústia. Mas é verdade que a angústia é o tema central do livro, e a prova é o fato de que na obra profundamente freudiana que é o *Vocabulário da psicanálise*[2] não existem verbetes para os termos *inibição* e *sintoma*. Constatamos que a já evocada opacidade e a hesitação que caracterizam a abordagem freudiana da angústia permanecerão onipresentes.

A identificação da angústia inscreve-se numa classificação que será continuamente burilada, a começar pela primeira distinção que Freud estabelece entre as "neuroses 'atuais'", sem relação espe-

---

[1] Rodrigué, Emilio. *Freud: le siècle de la psychanalyse*, vol. 2. Paris: Payot, 2000, p. 323. [Ed. bras.: *Sigmund Freud: o século da psicanálise: 1895–1995, vol. 2*. São Paulo: Escuta, 1995.]

[2] Laplanche, Jean e Pontalis, J.-B. *Vocabulaire de la psychanalyse*. Paris: PUF, 1967. [Ed. bras.: *Vocabulário da psicanálise*. Tradução de Pedro Tamen. São Paulo: Martins Fontes, 2001.]

cial com a infância e cujo fundamento é considerado de ordem somática, e as "psiconeuroses", termo sob o qual serão posteriormente classificadas a neurose de transferência e a neurose narcísica;[3] num segundo momento, quando reencontramos essa questão da identificação da angústia, Freud inscreve a neurose de angústia e a neurastenia no quadro das neuroses atuais, classificação que desaparecerá no decorrer da década de 1920, período da reformulação do sistema pulsional e da segunda tópica. Na época desses primeiros avanços, a inscrição da angústia como núcleo de uma forma específica de neurose é indissociável da reflexão presente nas cartas e nos encontros entre Freud e Wilhelm Fliess, que eles chamavam de "congressos", diálogo que durou até Freud embarcar na exploração do sonho, momento que marca o apogeu, mas também o início do fim, da relação, amigável e de trabalho, entre os dois homens.

No texto intitulado *Rascunho A*,[4] de fins de 1892 – e que constitui, com grande probabilidade,

---

[3] Freud, Sigmund. *Obras completas, vol. 17, Inibição, sintoma e angústia, O futuro de uma ilusão e outros textos (1926–1929)*. Tradução de Paulo César de Souza. São Paulo: Companhia das Letras, 2014, p. 84.

[4] Idem. *Lettres à Wilhelm Fliess – 1887–1904*. Paris: PUF, 2006. [Ed. bras.: *Correspondência completa de Sigmund Freud para Wilhelm Fliess – 1897–1904*. Tradução de Vera Ribeiro. Rio de

uma primeira contribuição a esta preocupação central que é o estudo das neuroses –, Freud enumera algumas propostas em resposta às questões que ele mesmo levanta sobre a origem da angústia: se sustenta que "Os excessos simples e a sobrecarga de trabalho não são fatores etiológicos"[5] – e voltará ao tema a propósito da neurastenia – ele já afirma que "a neurose de angústia é, em parte, consequência da inibição da função sexual",[6] ideia que será retomada na abertura do ensaio de 1926. Alguns meses mais tarde, no *Rascunho B*, cujo conteúdo Freud não quer que Fliess revele à sua jovem esposa, ele evoca novamente a neurastenia, mas para formular uma hipótese: "a afirmação que desejo fazer e verificar [...] é que, a rigor, a neurastenia *só* pode ser uma neurose sexual".[7] Hipótese seguramente ainda vaga, mas que já permite antever a importância que a dimensão sexual assumirá na elaboração teórica que se anuncia.

Um ano mais tarde, essa hipótese de uma relação estreita com "a função sexual" parece cons-

---

Janeiro: Imago, 1986.] Lembremos que o que se chama *Rascunhos* no contexto desta correspondência entre Freud e Fliess são sínteses sumárias, etapas da compreensão das neuroses e do que foi estabelecido no decorrer do trabalho.

[5] *Ibidem*. [Ed. bras., p. 36.]
[6] *Ibidem*, p. 54. [Ed. bras., p. 38.]
[7] *Ibidem*, p. 56, grifo de Freud. [Ed. bras., p. 39.]

tituir uma pista incontornável sem que esteja suficientemente preciso o registro somático ou psíquico. Mas a hipótese em questão não deixa de ser perturbadora,[8] pois não é fácil enunciá-la publicamente – ou mesmo em privado, como mostra o pedido citado sobre a esposa de Fliess – e, menos ainda, vê-la aceita. Isso explica, sem dúvida, os "pensamentos lúgubres" que Freud confidencia a seu correspondente, em particular, aquele pensamento que aparece logo após a evocação das preocupações com *mulher e filhos* e o fato de não mais conseguir provar a "tese sexual". Mas Freud, nunca deixando de lado seu humor, acrescenta: "Afinal, ninguém quer morrer imediata ou completamente."[9]

Intercalam-se então, logo após a carta de maio de 1894, o *Rascunho D* e o *Rascunho E*, o primeiro intitulado "Sobre a etiologia e a teoria das principais neuroses", o segundo apresentado como resposta a uma pergunta provavelmente colocada por Fliess, intitulado "Como se origina a angústia",

---

[8] A questão sexual está no cerne das divergências entre Freud e Bleuler, o psiquiatra que queria "provas" para sustentar as hipóteses teóricas apresentadas por Freud; a importância atribuída à função sexual será também central nas crescentes divergências com Jung, até a ruptura entre os dois.

[9] Freud, Sigmund. *Lettres à Wilhelm Fliess – 1887–1904. Op. cit.*, carta de 21 maio 1894, p. 98. [Ed. bras., p. 74.]

que Freud diz tratar-se de "um ponto que considero fraco".[10] O exame desse *Rascunho E*, muitas vezes considerado o esboço de uma primeira teoria freudiana da angústia, permite-nos seguir *passo a passo* – expressão utilizada por Lacan quando, em seu seminário sobre a angústia, define o modo de *imaginarização* de seu objeto *a*, logo sublinhando que é dele, deste objeto *a*, que Freud fala (sem o saber, acrescentemos) quando trata do inencontrável objeto da angústia[11] – a progressão da reflexão e o que ela comporta de erros, hesitações e satisfações, mesmo que provisórias. Acompanhamos Freud no desenvolvimento de suas observações clínicas surgidas do trabalho com seus pacientes.

O primeiro ponto, cuja repetição o torna incontestável, é uma constatação que se provará definitiva: a angústia, que pode ser encontrada em

---

[10] *Ibidem*. [Ed. bras., p. 78.]
[11] Lacan, Jacques, *Le Séminaire, livre X, L's*, edição de Jacques Alain Miller. Paris: Seuil, 2004, p. 51. [Ed. bras.: *O Seminário, livro 10, A angústia*. Tradução de Vera Ribeiro. Rio de Janeiro: Zahar, 2004.] Notemos que a questão da angústia exige permanente e extrema cautela: encontramos sua marca no texto que Moustapha Safouan dedica ao seminário de Lacan sobre a angústia, quando, ao falar do complexo de castração do qual Lacan se esforça para oferecer uma teorização satisfatória, adverte: "Caminhemos devagar." Safouan, Moustapha. *Lacaniana, vol. 1*. Paris: Fayard, 2001. [Ed. bras.: *Lacaniana: os seminários de Jacques Lacan*. Rio de Janeiro: Companhia de Freud, 2006.]

muitos de seus pacientes neuróticos, está nitidamente relacionada à sexualidade; Freud afirma, assim, que "o coito interrompido, praticado na mulher, leva à neurose de angústia".[12] Precisamos, porém, ser mais rigorosos e desconfiar das "pistas falsas" já percorridas: devemos, por exemplo, nos distanciar da ideia enganosa de que a angústia deve ser considerada um sintoma histérico. A constatação de que a angústia pode aparecer em algumas mulheres,[13] mesmo sem existir o medo de fecundação indesejada, permite afirmar que a angústia, a qual pode ser identificada como uma forma neurótica, não é de natureza histérica ou, em todo caso, não pode ser confundida com a neurose de mesmo nome. Essa preocupação com a proximidade e a diferença entre a angústia e a histeria, preocupação geral de classificação e de distinção entre os diferentes quadros clínicos, será, como veremos, constante. De fato, a observação clínica obriga a constatar que a angústia não está ligada nem à satisfação nem à insatisfação *psíquicas*

---

[12] Freud, Sigmund. *Lettres à Wilhelm Fliess – 1887–1904*. Op. cit. [Ed. bras., p. 78.]
[13] O campo de pesquisa sobre a angústia, particularmente, levará Freud a se preocupar com o caráter singular que certos processos psíquicos podem assumir nas mulheres. Sobre esse assunto, ver a obra de Sylvie Sesé-Léger. *L'Autre Féminin*. Paris: Campagne Première, 2008.

no ato sexual, o que leva, neste primeiro momento, à hipótese de que a fonte da angústia deva se situar no registro *físico* da atividade sexual; ela seria, portanto, o efeito de um "impedimento da descarga"[14] – de uma falta física, casos de *coitus interruptus* ou ejaculação precoce, por exemplo –, geralmente o produto do acúmulo de tensão sexual *física*. As eventuais consequências psíquicas dessas frustrações físicas são, dessa forma, consideradas apenas secundariamente, o que levaria – o condicional revela a prudência do raciocínio freudiano – a distinguir claramente, outro risco de confusão, a angústia e a melancolia, este último estado decorrendo do acúmulo de tensão sexual *psíquica*, como uma demanda insatisfeita de amor ou afeto, bem distinta de uma demanda sexual. Essas observações, no entanto, não respondem o porquê da *transformação* do acúmulo de tensão sexual física e da carência física em angústia.

Para avançar em sua reflexão sobre essa *transformação*, Freud apresenta então a distinção entre as excitações de ordem exógena e as de natureza endógena, fome, sede, pulsão sexual.[15] As ex-

---

[14] Freud, Sigmund. *Lettres à Wilhelm Fliess – 1887-1904*. Op. cit. [Ed. bras., p. 77.]
[15] Notemos que essas excitações endógenas, verdadeiras ancestrais das *pulsões*, só podem receber respostas por meio do que

citações endógenas são sentidas apenas a partir de um certo limiar, em que "se apresentam *psiquicamente*",[16] ou seja, a partir de quando se articulam com representações. Isso significa que, a partir de um limiar, uma tensão sexual física endógena conduz à libido psíquica, que leva à busca e à consumação, ao ato sexual, ao coito. Se a conexão psíquica é insuficiente por alguma razão, o afeto sexual é contrariado, insatisfeito, e a tensão física acumulada produz angústia. A neurose de angústia resultaria, portanto, de um "déficit assinalável no afeto sexual, na *libido psíquica*".[17] Freud verifica, então, a pertinência de sua construção teórica, retornando à clínica dos casos enumerados anteriormente, para constatar que "De modo geral, a concordância não é tão má".[18] O caráter aproximativo desta avaliação é confirmado pela observação seguinte, segundo a qual a persistência

---

Freud chama então de *ações específicas*, termo que reaparecerá em textos posteriores, *específicas*, pois adaptadas ao registro expresso pela excitação – fome, por exemplo. Essa argumentação é desenvolvida em *L'esquisse d'une psychologie* (1895), documento interno não comercializado, traduzido por Suzanne Hommel, Jeff Le Troquer, Alain Liégeon e Françoise Samson.
[16] Freud, Sigmund. *Lettres à Wilhelm Fliess – 1887–1904. Op. cit.* [Ed. bras., p. 80.]
[17] *Ibidem.* [Ed. bras., p. 81.]
[18] *Ibidem.* [Ed. bras., p. 82.]

de lacunas nesta abordagem teórica – "a base está certa" –[19] leva a afirmar que este primeiro estudo, no entanto, "não está suficientemente desenvolvido, em absoluto, para publicação".[20] De fato, a Fliess, que lhe diz que "a história da angústia ainda não está muito certa" neste esboço de teoria, Freud responde que percebe nesta observação "o eco de minha própria visão", o que o deixa "satisfeito".[21]

Lembramos que, ao procurar desde o início enfatizar o lugar essencial do fator sexual na etiologia do que ele começava a isolar como uma forma particular de neurose, a neurose de angústia, Freud havia descartado a ideia de que o esgotamento e os excessos de todos os tipos pudessem constituir o principal fator etiológico da angústia. Esse ponto é importante porque faz parte da convicção inicial de Freud, de que, nesse trabalho de classificação e diferenciação sintomatológica e etiológica das neuroses, é absolutamente necessário esforçar-se para marcar a distinção entre a neurose de angústia e as outras neuroses, sejam quais forem as proximidades entre elas, e separar especialmente a neurose de angústia da neurastenia, que retém,

---

[19] *Ibidem*. [Ed. bras., p. 82.]
[20] *Ibidem*, carta de jun. 1894. [Ed. bras., pp. 82–83.]
[21] *Ibidem*, carta de 22 jun. 1894. [Ed. bras., p. 83.]

muito mais do que a angústia, a atenção dos psiquiatras naquele momento.

Foi o médico americano George Beard quem introduziu a síndrome da neurastenia, que caracterizou como uma fadiga física de origem nervosa com sintomas suficientemente variados, para que o conceito pudesse ser usado para qualificar sem muitas nuances os estados psíquicos e físicos dos cidadãos estadunidenses submetidos a um modo de vida demasiadamente agitado.[22] O uso do termo *neurastenia*, hoje um tanto fora de moda, remete ao uso contemporâneo de *depressão*, que abole qualquer nuance clínica e que muitos vinculam de forma direta ao *modo de vida moderno*. Assim, a explicação dada à neurastenia – de ordem socioeconômica, que ficamos tentados a qualificar como pseudoteórica – não satisfaz de modo algum Freud, que, sem abandonar completamente o termo *neurastenia*, persiste num trabalho de elucidação. Com esse objetivo, publica, em 1895, no *Neurologisches Zentralblatt*,[23] um artigo desti-

---

[22] Note-se que, em *O mal-estar na civilização*, Freud considera esse *modo de vida agitado* como um fator capaz de perturbar a função do sonho, acrescentando que isso está longe de ser uma *mixaria*.

[23] Freud, Sigmund. "Du bien fondé à séparer de la neurasthénie un complexe de symptômes déterminé en tant que 'névrose d'angoisse'". In: *Œuvres Complètes: Psychanalyse, vol. III, Textes*

nado a estabelecer de forma rigorosa a necessária distinção entre neurose de angústia e neurastenia, questão que havia começado a abordar, como apontamos, com Fliess, em 1893, no *Rascunho A*. Estabelecer uma diferenciação fundamentada entre neurastenia e neurose de angústia, o que já foi, aliás, feito – não sem dificuldade, como Freud lembra duas vezes em seu artigo –, é também estruturar explicitamente, inclusive no título da terceira seção do artigo, as bases de uma teoria da neurose de angústia distinta da histeria, uma das razões da importância desse texto.

A partir da observação clínica, da enumeração das ocorrências e da etiologia assim explorada da neurose de angústia, depreende-se que esta tem como principal causa e elemento desencadeador, um acúmulo de excitações *somáticas* de natureza sexual que a difere das outras duas neuroses – histérica e obsessiva –, cujas fontes de excitação encontram-se no registro *psíquico*. Compartilhando essa origem somática com a neurastenia, a

---

psychanalytiques divers. Paris: PUF, 1989, pp. 29–58. [Ed. bras.: "Sobre os fundamentos para destacar da neurastenia uma síndrome específica denominada 'Neurose de angústia'". In: *Edição standard brasileira das obras completas de Sigmund Freud*, vol. 3, *Primeiras publicações psicanalíticas*. Tradução de J. Salomão. Rio de Janeiro: Imago, 2006.]

neurose de angústia difere dela, porém, uma vez que a neurastenia se caracteriza por um acúmulo de excitação, enquanto a neurose de angústia é marcada por um empobrecimento dessa excitação. Distinta, portanto, da neurastenia e também em razão de outros sinais clínicos que Freud enumera, e que têm suas raízes igualmente no registro sexual, a neurose de angústia aparece então como o *correspondente somático da histeria*. Mas devemos observar que tanto a neurose de angústia quanto a neurose histérica decorrem de um déficit psíquico o qual deixa ou deixaria espaço para processos somáticos que Freud qualifica de *anormais*. A grande e fundamental diferença estaria, portanto, no fato de que na neurose de angústia a excitação é, de fato, de ordem sexual, mas puramente somática, enquanto no caso da histeria a excitação sexual é de ordem psíquica. Há, portanto, uma *relação íntima* entre a neurose de angústia e a neurose histérica, e essa proximidade – uma vez que ambas compartilham muitos sintomas – justifica plenamente a necessária distinção feita naquele momento entre neurose de angústia e neurastenia.

Esse texto daria origem a uma polêmica inaugurada pelo artigo crítico de um psiquiatra de Munique, Leopold Löwenfeld, ao qual Freud rebate quase imediatamente.²⁴ Na resposta, polida, mas firme, Freud retoma e desenvolve o argumento do artigo anterior, e é importante notar que ele precede sua resposta de um esclarecimento mais geral, espécie de lembrete incontornável que destaca a oposição quanto à etiologia entre a neurastenia e a neurose de angústia, oposição que repousa fundamentalmente na consideração dos fatores sexuais. Freud faz questão de explicitar que, ainda que deva responder detalhadamente a Löwenfeld, não pode esquecer que a discordância entre os dois, à semelhança do que ocorre com a maioria dos psiquiatras, encontra-se na importância que atribuem aos fatores sexuais na etiologia das neuroses. Segundo Freud,

> uma asserção como "a etiologia das neuroses reside na sexualidade", com toda sua inevitável incorreção *per excessum et defectum* [por excesso ou falta], mesmo assim está mais próxima da verdade do que as outras doutrinas dominantes no momento. [...]

---

²⁴ Idem. "Sur la critique de la névrose d'angoisse". In: *Œuvres Complètes: Psychanalyse, vol. III. Op. cit.*, pp. 59–78. [Ed. bras.: "Resposta às críticas a meu artigo sobre a neurose de angústia." In: *Edição standard brasileira das obras completas de Sigmund Freud, vol. 3. Op. cit.*]

Sei muito bem que, ao expor minha "etiologia sexual" das neuroses, não apresentei nada de novo, e que nunca faltaram correntes não oficiais da literatura médica que levam esses fatos em conta. Sei ainda que, de fato, a medicina acadêmica oficial também tem estado ciente deles. Mas tem agido como se nada soubesse sobre o assunto. Não tem utilizado seus conhecimentos nem extraído deles nenhuma inferência. Tal comportamento deve ter alguma causa profundamente enraizada, talvez oriunda de uma espécie de relutância em enfocar diretamente os assuntos sexuais.[25]

Como podemos constatar, na sua resposta às críticas de Löwenfeld, Freud não muda nada em sua argumentação quanto à importância do fator sexual e mantém-se igualmente firme quanto à imperiosa necessidade de estabelecer a distinção entre neurastenia e neurose de angústia.

Nesse mesmo ano de 1895, é publicado o livro *Estudos sobre a histeria*, escrito por Freud e Josef Breuer, cuja redação Freud anuncia a Wilhelm Fliess em carta de 22 de junho de 1894. A obra é

---
[25] *Ibidem*, p. 63.

composta de quatro capítulos, sendo o primeiro, "Comunicação preliminar", assinado pelos dois autores. O último capítulo, assinado apenas por Freud, que então se distancia sensivelmente de Breuer – o afastamento tem origem, novamente e antes de tudo, na questão da etiologia sexual da histeria e levará à ruptura entre os dois –, trata da neurose de angústia na perspectiva do já citado artigo de 1895, que apresenta uma classificação fundamental dos traços neuróticos que sublinha a diferença entre neurose de angústia e histeria de um lado – ambas com etiologia sexual reafirmada – e neurastenia do outro.

Os *Estudos sobre a histeria* foram publicados em maio de 1895, e alguns meses mais tarde, em dezembro, Freud realizou três conferências sobre a histeria, em Viena, no Colégio Vienense de Medicina, seguidas por discussões em que a importância atribuída por Freud ao fator sexual na etiologia da histeria foi, evidentemente, contestada. Mas convém lembrar, nem que seja para enfatizar a permanência da importância dessa dimensão sexual, que Josef Breuer, com a ruptura entre os dois já tomando forma – o que ocorreria em 1896 –, participa da discussão para sustentar o ponto de vista de Freud, apoio mencionado em carta deste a Fliess, afirmando que, em particular, no entanto, Breuer lhe dissera: "Contudo, não creio nisso."[26]

A angústia voltará a ser mencionada pontualmente no *Traumdeutung*, mas Freud – já totalmente envolvido na exploração dos sonhos, inteiramente investido no que se tornaria sua obra-prima e marcaria o verdadeiro início da aventura psicanalítica – não retomará neste momento, 1899 e anos seguintes, nem a teoria nem a etiologia da angústia. Em prefácio à terceira edição de sua obra-mestra, em 1933, Freud lembra que, em 1899, quando escreveu o *livro dos sonhos*, ainda não havia formulado sua *teoria sexual* e a análise das formas mais complexas das psiconeuroses apenas engatinhava.

Será preciso esperar mais de quinze anos – não só a conclusão e publicação de *Traumdeutung*, mas também a elaboração de uma teoria da sexualidade, os *Três ensaios*, a publicação das famosas cinco psicanálises e a passagem pela etapa teórica decisiva que constitui a tentativa inacabada de

---

[26] Cf. Freud, Sigmund. *Œuvres Complètes: Psychanalyse*, vol. II, *Études sur l'hystérie et textes annexes*. Paris: PUF, 2009. [Ed. bras.: *Obras completas, volume 2: estudos sobre a histeria (1893–1895) em coautoria com Josef* Breuer. Tradução de Laura Barreto. Revisão de tradução de Paulo César de Souza. São Paulo: Companhia das Letras, 2016.]

estabelecer uma metapsicologia (teoria do inconsciente, primeira teoria das pulsões, ensaio sobre a melancolia e o luto) – para que Freud retorne à questão da angústia em suas conferências introdutórias à psicanálise, realizadas entre 1915 e 1917.

2. *A ANGÚSTIA*, 25ª CONFERÊNCIA INTRODUTÓRIA À PSICANÁLISE[1]

A conferência sobre a angústia integra a terceira parte das conferências introdutórias à psicanálise, que se intitula *Doutrina geral das neuroses*. A *angústia* sucede à conferência dedicada ao estado neurótico comum. Logo de início, Freud faz referência à surpresa de seus ouvintes justamente pelo fato de não ter tratado da angústia na conferência anterior. Daí essa conferência especificamente centrada na angústia, manifestação sobre a qual Freud afirma pretender "enfocar com ênfase particular [...], discutindo [...] detalhadamente com os senhores". De fato, a leitura dessa conferência, que J.B. Pontalis define como "admirável" em seu prefácio a uma então nova tradução francesa, nos permite entrar imediatamente no assunto com um cuidado de classificação e explicação das causas

---

[1] Freud, Sigmund. *Conférences d'introduction à la psychanalyse* (1917). Prefácio de J.B. Pontalis, Tradução de Fernand Cambon. Paris: Gallimard, 1999. [Ed. bras.: *Obras completas, vol. 13, Conferências introdutórias à psicanálise (1916–1917)*. Tradução de Sergio Tellaroli. São Paulo: Companhia das Letras, 2014.]

das diversas formas de angústia raramente alcançado até então.

Freud avança metodicamente em sua exploração – mais uma vez, *passo a passo*, – e vamos nos esforçar para acompanhá-lo com o máximo de precisão, uma vez que sua análise, certamente complexa, é a de um pesquisador, não a de um professor imbuído de conhecimento; é o caminhar de um pedagogo que pretende despertar seus ouvintes, fazê-los superar suas resistências e seus *a priori*, utilizando argumentos que descobre – ou finge descobrir – no momento em que os apresenta. Trata-se de evidenciar os impasses a que o ponto de vista da medicina conduz, não apenas sobre a questão da angústia.

Aparentemente, assinala Freud, nada é mais familiar que a angústia, pois "cada um de nós experimentou um dia ou outro essa sensação, ou, mais exatamente, esse estado afetivo". Esse sentimento de familiaridade, ligado em parte às facilidades de vocabulário que levam ao uso indiscriminado dos termos *nervoso*, *ansioso* – hoje também falamos de *estresse* na mesma perspectiva aproximativa –, ao sugerir que são sinônimos do adjetivo proveniente do termo *angústia*, mascara um fato essencial que iremos descobrir: que a angústia é "um ponto nodal" que permanece enigmático quanto à sua origem e natureza, um mistério "cuja solução espalharia um enorme facho de luz sobre toda a nossa vida psíquica".[2] Sempre cauteloso, Freud adverte que, sem pretender resolver o referido enigma em sua totalidade, quer fazer valer o ponto de vista psicanalítico sobre a questão, radicalmente diferente da perspectiva da medicina. Deixando de lado, desse modo, as abordagens anatômicas e neurológicas da angústia[3] – um passo decisivo em relação às abordagens anteriores presentes na correspondência com Fliess –, Freud primeiro propõe uma classificação das formas que o fenômeno da angústia pode assumir para, em seguida, propor uma análise etiológica e clínica, em que, como veremos, retoma, para esclarecê-las e afiná-las, algumas das indicações anteriormente dadas nos já citados artigos da década de 1890.

A primeira e fundamental distinção é separar a angústia *real* ou *realista* da angústia *neurótica*.

A angústia realista surge da percepção de um perigo externo capaz de causar danos. Podemos, portanto, considerar que se articula com um

---
[2] Salvo exceções, as citações deste capítulo são trechos da referida conferência.
[3] A argumentação freudiana, a partir de agora, liberta-se completamente das amarras neurológicas e fisiológicas.

reflexo de fuga, comparável ao que, no registo pulsional, inscreve-se no contexto da pulsão de autopreservação, que, posteriormente, durante a reestruturação da teoria das pulsões, será disposta no polo das pulsões de vida. Isso não bastaria, no entanto, para explicar o surgimento da angústia que, se deve notar, parece diretamente dependente do estado de nosso conhecimento do mundo exterior e, portanto, de nossa potência ou impotência diante deste mundo que abriga todo tipo de perigo. Mas, novamente, prudência! Se a ignorância em que podemos nos encontrar, seja qual for a causa, cronológica ou cultural, e qualquer que seja o tipo de estado que dela pode resultar – Freud chamará mais tarde de *desamparo* –, ambos fatores de angústia, o inverso também pode ser verdadeiro. "Um saber demais" pode ser de fato uma fonte de angústia, "porque permite discernir o perigo mais cedo", sem contar o grande número de conhecimentos hipotéticos, objetos de especulações mais ou menos rigorosas que criam incerteza, inquietude e, portanto, um fundo de angústia. Exemplo contemporâneo, a justa preocupação ecológica que caracteriza o início do século XXI é também objeto de discursos mais ou menos rigorosos, e por vezes contraditórios, que denunciam os crescentes perigos de todo tipo que contribuem para gerar angústia, uma angústia realista, certamente, para utilizar a classificação de Freud, mas às vezes alimentada por perigos imaginários e reforçada pela própria dificuldade de separar os perigos cientificamente estabelecidos, logo, reais, do restante. Somos assim levados, como Freud, a considerar que a chamada angústia realista não é tão racional quanto poderia parecer. Em muitos casos, essa angústia se superpõe e até mesmo parasita uma avaliação precisa de um perigo, que levaria a uma fuga justamente racional ou ainda à organização de um sistema de defesa. Logo, nos diz ainda Freud, há que distinguir claramente, naquilo que até agora se chamou de angústia real, realista, também chamada *angústia sinal*, o alerta ao mesmo tempo sensorial e motor, cuja ausência pode, em alguns casos, ser prejudicial – a exemplo das pessoas que arriscam tudo –, e o que se pode chamar de excesso de angústia, que tem, por sua vez, consequências paralisantes.

De maneira geral, a angústia, a angústia real, é um estado subjetivo que resulta da percepção do surgimento ou aumento de um perigo: é nesse sentido que falamos de *afeto*; mas o que, então, seria isso? Criticado por ignorar a questão do afeto, Lacan trata justamente desse tema quando começa a delimitar a condição da angústia, que qualifica, sem rodeios, como afeto.⁴ Se não responde à questão da natureza do afeto, Lacan, ao contrário, especifica o que *não é* o afeto, a saber, longe de ser recalcado, o afeto está solto, à deriva; o que está recalcado, dirá ele, são os significantes que amarram o afeto. De certa forma, a angústia está aí, flutuante, mas não localizável como tal, identificável apenas por significantes, palavras e imagens que parecem ligadas a ela.

Ao encontrar essa questão do afeto, Freud descarta imediatamente as considerações neurológicas e motoras; ele observa que se pode discernir no afeto a repetição de uma experiência anterior, de algo vivido, o que o leva a afirmar, usando para isso os conhecimentos acumulados no campo psicanalítico, muito diferente do campo da psicologia, que um estado afetivo é da ordem de um *ataque histérico*, que deve ser concebido como a cristalização de uma reminiscência. Nessa perspectiva, o afeto de angústia traz de volta, portanto, no modo da *repetição*,⁵ algo que teria acontecido no passado,

---

⁴ Lacan, Jacques. *Le Séminaire, livre X, L's*, edição de Jacques Alain Miller. Paris: Seuil, 2004, p. 23. [Ed. bras.: *O Seminário, livro 10, A angústia*. Tradução de Vera Ribeiro. Rio de Janeiro: Zahar, 2004.]
⁵ A repetição deve ser entendida aqui claramente na concepção apresentada em *Além do princípio do prazer*, como intrínseca a esse novo aspecto da pulsão, o de um retorno ao estado anterior, ou seja, a um estado de não vivente. Cf. sobre o assunto

em um passado distante, no momento do nascimento. Por exemplo: seria, assim, uma descarga em que se misturam sensações de perigo e desprazer – em alemão, *perigo de vida*, *Lebensgefahr*, ou seja, um perigo que ameaça a vida –, um conjunto de provações no limiar da vida que retornará em forma de estado de angústia, reflexão freudiana que, como podemos notar, contém as premissas da *especulação* que está por vir sobre a pulsão de morte, a morte presente naquela inexistência que precede o nascimento. De fato, o nascimento, cenário da primeira angústia, com seu acúmulo de estímulos – alteração da respiração, do fluxo sanguíneo –, dá uma tonalidade tóxica a essa angústia inicial à qual vem se somar o processo cujas marcas psíquicas encontraremos em diversas ocasiões: a separação da mãe. Especulações? Freud já está certo do contrário, e um indício precioso da escuta que fundamenta o trabalho epistemológico próprio da psicanálise é o fato de evocar, para sustentar sua certeza, a anedota da candidata ao cargo de parteira que, diante do rompimento da bolsa da parturiente e da perda de mecônio, citou o medo do recém-nascido como causa do ocorrido, o que

---

as observações contidas no artigo coletivo "Le symptôme dans la seconde topique", publicado na revista *Psychanalyse*, n. 35, jan. 2016, pp. 87–107.

fez com que ela fosse reprovada: "silenciosamente, fiquei do lado dessa pobre mulher", diz Freud, "ela havia revelado uma conexão importante".

A segunda vertente dessa classificação é a angústia neurótica. Esta é distinta da angústia realista e exige outra abordagem. Apresenta-se comumente na forma de *angústia de espera* ou ainda de uma *espera angustiada*; as pessoas têm a tendência de antecipar qualquer eventualidade como sendo algo necessariamente negativo, que trará infortúnios; a mudança, o incerto, o imprevisto são vividos como inevitavelmente perturbadores e desestabilizantes, características que Freud inscreve no quadro clínico daquilo que ele já havia chamado, como vimos, de *neurose de angústia*. Outro aspecto dessa angústia neurótica, a angústia que acompanha as fobias, a *angústia das fobias* das quais Stanley Hall – aquele que o convidou em 1909 para visitar a Clark University e a quem Freud se refere como "renomado psicólogo americano" – compilou um repertório que reunia nada menos que 132 fobias! Freud ironiza de forma amável essa classificação e propõe, por sua vez, uma distinção entre diferentes grupos de angústia fóbica, sendo esta uma das faces da angústia neurótica. O primeiro grupo quase não distingue os *neuróticos* das *pessoas normais* e se caracteriza por fobias de certos animais, como cobras, por exemplo, a *fobia humana universal*: o sentimento de repulsa que deve ser diferenciado do perigo, como observa Charles Darwin, citado aqui por Freud, ao relatar sua angústia diante de uma cobra se movendo em sua direção, ainda que um vidro espesso os separasse. O segundo grupo identificado por Freud é o das *fobias situacionais*: o perigo existe, é real, mas é tão ínfimo – como acidentes de avião, ou acidentes ferroviários no tempo de Freud – que a própria raridade, somada à intensidade desproporcional da angústia que se manifesta nesses casos, atesta o caráter neurótico dessa angústia. A prova adicional desse caráter neurótico é que nada se altera diante de estatísticas que demonstram a extrema raridade desses acidentes.

De modo geral, Freud, sem dúvida preocupado em tornar o quadro mais claro, indica que pretende incluir todas essas fobias no âmbito da *histeria de angústia*, o que equivale a considerá-las como afecções próximas à histeria de conversão.

Nesse ponto, o conferencista aponta o surgimento de duas questões: se está bem estabelecido que o perigo não desempenha papel nenhum "ou um papel ínfimo" na angústia neurótica, enquanto a angústia realista é *sempre* uma reação a um perigo, que relação podemos estabelecer entre essas duas formas de angústia, supondo que deva haver uma relação entre elas? Como, por outro lado, já excluída a questão do perigo, compreender a angústia neurótica, uma vez que, se há angústia, alguma coisa deve causá-la?

O retorno à clínica é essencial para a continuação da análise. Não se pode deixar de notar que a angústia de espera – uma das formas da angústia neurótica – está ligada a certas utilizações da libido, frustrantes, não consumadas, que levam a angústia a substituir a excitação libidinal, o que, observa Freud, é aceito pelos médicos que, no entanto, invertem o processo – mais uma forma de mascarar a importância do fator sexual –, dizendo que a ansiedade é que seria a causa de uma contenção sexual. Ora, a clínica, o que é observável ou audível na análise, atesta o contrário: para "a média dos seres humanos, a angústia está associada à limitação sexual". Com o objetivo de continuar sua demonstração, Freud volta-se ao registro dinâmico e observa que, em muitos casos de neurose histérica, os ataques de angústia devem ser atribuídos à ausência de um tempo ou de um momento psíquico: algo não aconteceu, algo está faltando ali onde deveria estar; há então uma espécie de vazio que corresponde ao recalque, causa, portanto, da angústia, que pode ser considerada uma moeda a se trocar em qualquer lugar do mundo, "pela qual, afirma Freud, são ou podem ser trocadas todas as moções afetivas, quando o conteúdo da representação vinculada tiver sucumbido ao recalque". O que podemos observar diante desta reflexão frequente: "Estou angustiado, mas não entendo nem sei por quê!" Esse ponto é importante, pois marca uma hipótese de trabalho segundo a qual *o recalque é a causa da angústia*, hipótese de trabalho que Freud, como sugerimos, indagará antes de *invalidá-la* explicitamente no ensaio de 1926, que nesta questão constitui uma etapa decisiva na exploração do fenômeno da angústia. Outra pista para avançar na compreensão da angústia neurótica é fornecida pela clínica das formas de neurose obsessiva. As grandes neuroses obsessivas, aquelas que se permitem observar detalhadamente no curso de uma análise, caracterizam-se por *rituais*, ou seja, ações compulsivas, ações incontroláveis, extremamente incômodas para o sujeito. Mas se alguém tentar se opor a esses rituais ou se o próprio neurótico se esforçar para escapar deles, a reação será imediata, na forma de crises de angústia que podem ser muito violentas. A conclusão que se impõe é que a angústia, embora ainda presente, estava sendo mantida a distância e canalizada pelos rituais, sendo substituída por sintomas formados para escapar da angústia.

Primeiro avanço definitivo, *a angústia está no centro do trabalho sobre as neuroses*.

Freud, no entanto, não está totalmente satisfeito nesse ponto: considera que aquilo que havia sido inscrito no terreno somático, o desvio da energia libidinal que produzia angústia, pode também, ou pode mesmo essencialmente – e é a análise das neuroses que leva a essa constatação – se manifestar no terreno psíquico. Sempre cauteloso, Freud volta então à questão da relação entre a angústia neurótica, decorrente da libido mal utilizada, e a angústia realista, resposta a um perigo. Nesse ponto, a construção teórica dá um novo e importante passo à frente, a consideração do eu[6] no desenrolar do processo. A partir da ideia então bem

---

[6] Relembramos aqui o preâmbulo do verbete "Eu" no *Dicionário da psicanálise*, de Elisabeth Roudinesco e Michel Plon (Rio de Janeiro: Zahar, 1998, p. 210): "Termo empregado na filosofia e na psicologia para designar a pessoa humana como consciente de si e objeto do pensamento. No Brasil também se usa "ego". Retomado por Sigmund Freud, esse termo designou, num primeiro momento, a sede da consciência. O eu foi então delimitado num sistema chamado primeira tópica, que abrangia o consciente, o pré-consciente e o inconsciente. A partir de 1920, o termo mudou de estatuto, sendo conceituado por Freud como uma instância psíquica, no contexto de uma segunda tópica que abrangia outras duas instâncias: o supereu e o isso. O eu tornou-se, então, em grande parte, inconsciente." [*N. da T.*]

estabelecida de uma oposição entre o eu e a libido, pode-se levantar a hipótese de um paralelo entre o que se passa no nível da angústia realista – quando a angústia funciona como um sinal de perigo para o eu que decide fugir – e o que acontece no caso da angústia neurótica, em que o eu trata o perigo interno como se fosse um perigo externo.

Na realidade, esse avanço na comparação das duas formas de angústia ainda não é satisfatório, e Freud não evita o tipo de impasse que dela resulta: de fato, se a angústia anuncia e acompanha uma fuga do eu em relação às manifestações de sua libido, não se pode esquecer, como já bastante enfatizado, que a própria angústia é produto de falhas ou carências no campo da libido. Assim, como sustentar que a libido seria algo fora do eu?

Em busca de mais clareza e também para que seu público pudesse entender melhor, Freud sugere tomar outros caminhos, o da gênese da angústia na criança e o da origem da angústia neurótica, que, como já observado, se manifesta amplamente nas fobias.

Em geral, a criança manifesta frequentemente uma angústia realista ligada à sua ignorância do mundo exterior e, de forma mais geral, ao seu desamparo original – *Hilflosigkeit* –, que, para Freud, adepto de explicações filogenéticas às quais permanecerá fiel, seria uma espécie de herança dos tempos originais da humanidade. Mas nem todas as crianças apresentam o mesmo grau de angústia, e algumas delas apresentam muito cedo tendências neuróticas, o que leva a pensar que essa deriva estaria inicialmente articulada a um fundo de angústia realista. Surge, porém, um novo obstáculo: Freud atesta que, mantido esse nível de explicação, toda a teoria da angústia como produto da libido e, portanto, a hipótese da etiologia sexual pela qual vinha lutando há tantos anos desmoronariam. De fato, a observação da angústia na criança permite constatar que ela se manifesta tão logo haja a intrusão de alguém não familiar, de uma pessoa estranha ao seu campo de visão habitual, não porque ela perceba intenções hostis por parte desse estranho, o que representaria então um perigo concreto, mas simplesmente porque a criança é apegada a uma única pessoa capaz de tranquilizá-la e acalmá-la, geralmente sua mãe. Não a vendo mais, tendo em seu lugar um estranho, atestando assim uma falta, uma ausência, ela sente uma decepção, uma surpresa, uma espécie de vazio que podemos supor violentos e até capazes de causar nela uma descarga libidinal inutilizável, que se manifesta na forma de angústia: a criança explode em lágrimas e parece inconsolável, desamparada. *É possível identificar nessa situação facilmente observável a repetição do que pode ter sido a angústia original, ligada à primeira separação da mãe, aquela que acompanha o nascimento.*

Deve-se notar, aqui, que as fobias iniciais da criança estão quase sempre ligadas à escuridão – à noite, o pedido para que uma luz fique acesa – e se pode estabelecer um paralelo com a solidão diante da ausência do objeto amado, a mãe. *Podemos deduzir que aquilo que na criança pode parecer angústia realista – medo do perigo – é na realidade algo da ordem da ansiedade neurótica resultante de uma descarga libidinal inutilizada.* A angústia realista está muito pouco presente na criança e isso se observa por sua capacidade de ignorar os perigos; essa angústia realista surgirá gradualmente apenas com a educação e os pontos de inibição que dela resultam. Freud se autoriza a fazer neste ponto um primeiro balanço, a saber, que a angústia infantil tem pouca relação com a angústia realista e que está muito próxima da angústia neurótica dos adultos, produto da libido não utilizada: o objeto de amor ausente é substituído por um objeto externo, por uma situação desagradável. Essa constatação permite considerar que as fobias infantis que sugerem uma angústia realista – fobia de objetos ou animais, como no caso do Pequeno Hans –

são, mais do que o modelo de fobias posteriores, sua matriz original. Essa libido inutilizada é na verdade *recalcada* e é o que provoca sua transformação em descarga de angústia: mas é importante precisar – e aqui Freud, sem citá-lo, refere-se a seu artigo sobre o recalque, de 1915, incluído em seus *Ensaios de metapsicologia* – que esse recalque e essa descarga de angústia dizem respeito muito mais ao afeto ligado à representação recalcada do que à representação em si mesma. Com o tempo do primado teórico do significante, tempo da atenção ao registro do simbólico, Lacan esclarecerá esse ponto, introduzindo a ideia de *representante da representação*.

Por ora, o que parece estabelecido é a afirmação de que o recalque que tem por objeto a libido é a fonte da angústia. O conteúdo das fobias não poderia, portanto, ser explicado pelas situações ou pelos objetos apontados, nem por questões sobre sua origem; tais explicações seriam então comparáveis, e nada mais, aos relatos manifestos do sonho, que, como sabemos, não trazem nenhuma clareza quanto ao sonho se não forem decifrados por meio de associações, com o que isso implica de compreensão de pontos recalcados.

Em 1917, Freud pôde concluir sua conferência de maneira segura, afirmando que esse longo e meticuloso percurso evidencia o lugar essencial que a angústia ocupa no estudo das neuroses. Uma pequena ressalva final, no entanto, "uma lacuna em nossa concepção", sublinha, diz respeito à angústia realista, que parece ter sido relegada a um segundo plano quando, de fato, seu papel entre "as pulsões de autopreservação do eu" não pode ser contestado.

3. 1926: *INIBIÇÃO, SINTOMA E ANGÚSTIA,* O LIVRO DAS SUBVERSÕES

Antes de identificar os pontos fundamentais dessa fase central do trabalho de Freud sobre a angústia e sublinhar seus avanços teóricos, em que pesem as críticas que o texto tenha recebido, não podemos esquecer o fato de que foi elaborado após suas grandes obras da década de 1920. Trata-se do período da segunda tópica, marcado pelo ensaio *Além do princípio do prazer* (1920), em que Freud introduz a pulsão de morte, e por este outro ensaio, *O eu e o isso* (1923), texto que será objeto de reelaboração da qual resulta o papel essencial do eu nessa nova abordagem, o eu sendo tanto o agente do recalque quanto o ancoradouro da angústia. É também o período da refundação da teoria das pulsões que leva à formulação da dualidade pulsional e, portanto, como mencionado há pouco, àquilo que Freud teve o cuidado de chamar de *especulação psicanalítica*, a pulsão de morte, que, para Jacques André,[1] mereceria

---

[1] André, Jacques. *In:* "Préface". *In:* Freud, Sigmund. *Inhibition, symptôme et angoisse.* Traduzido do alemão por Joël Doron e Roland Doron. Paris: PUF, 2011. (Collection Quadrige.)

maior atenção nesse texto. Pulsão de morte, sublinhou Freud, que não pode ser reduzida a uma função antagônica à pulsão de vida, sendo seu complemento incontornável.

Para além de todas essas considerações e dessa contextualização, *Inibição, sintoma e angústia* – o exato oposto de um texto didático – é um formidável exemplo do virtuosismo teórico de Freud, de sua capacidade de elaboração, de seu senso de autocrítica e da incansável sede de alcançar resultados que não sejam fruto de nenhuma concessão às armadilhas da facilidade – Freud chega a chamar de *indigência* – à qual, a seus olhos, os filósofos se entregam quando se trata do psiquismo. Deve-se notar, e isso atesta a importância que Freud atribuía a essa observação, que a passagem intitulada *A fabricação das visões do mundo* (*Weltanschauung*) é reproduzida *in extenso* no segundo número do *Almanach*, de 1927. Ao designar, assim, um possível desvio da psicanálise em direção a concepções morais, ele deixa transparecer o quanto teme essa ameaça, a que desenvolverá no mesmo período em seu libelo em defesa da análise profana.[2]

---

[2] Sobre a série do *Almanach* e sua importância para a expansão da psicanálise nos anos 1920 e 1930, referimo-nos a Michaud, Henriette. *Freud éditeur*. Paris: Campagne Première, 2015.

Inibição, sintoma e angústia compreende dez capítulos ou seções, às quais se devem acrescentar três "suplementos" muitas vezes negligenciados, talvez porque obriguem o leitor a questionar certas conclusões a que uma leitura atenta dos capítulos iniciais poderia tê-lo levado.

O primeiro capítulo trata da inibição; os capítulos II a VII são dedicados ao sintoma, o que implica um retorno anunciado ao funcionamento do eu, o exame das fobias na perspectiva de identificar como se dá a formação do sintoma e, portanto, a tentativa de entender como o eu consegue confinar o sintoma ou acomodar-se a ele. O capítulo VIII é o mais essencial e ajuda a decifrar a obra: Freud faz um balanço do caminho percorrido, ainda que as afirmações que estabelece não sejam tão definitivas quanto ele sugere; esboça, ainda, uma crítica ao livro de Otto Rank sobre o trauma do nascimento,[3] obra que foi uma das motivações do projeto de *Inibição, sintoma e angústia* e à qual retornará no capítulo X. Ainda nesse capítulo VIII, como nos seguintes, ele enuncia o que foi geralmente considerado como a criação da segunda teoria da angústia, conhecida como o *sinal da angústia*: a angústia é aqui concebida como a

---

[3] Freud, Sigmund. *Inhibition, symptôme et* angoisse. *Op. cit.*

manifestação da impossibilidade de uma satisfação total e definitiva, em qualquer circunstância, pela permanência da ameaça de castração (ou de abandono e de desamor na problemática feminina) – *o papel da angústia parece ser informar o eu de uma ameaça*. Isso significa admitir que nunca nos livramos completamente da angústia, estejamos conscientes disso ou não. Por fim, retomando e avançando na crítica que fará ao livro de Rank, Freud faz uma importante revisão ao afirmar que a chamada angústia de "castração" é fundamentalmente uma angústia de separação, sendo, portanto, uma *repetição* da separação da mãe e do desamparo decorrente, o que não implica, porém, que façamos desse momento marcante, o traumatismo do nascimento, o esquema geral da angústia de castração. O capítulo IX volta à formação do sintoma e ao desenvolvimento da angústia ligada a ele. No capítulo X, Freud dá seguimento ao debate crítico com Rank, contestando de forma mais radical suas teses, refutação desenvolvida ainda em sua correspondência com o próprio Rank, crítica inscrita, por sua vez, numa reflexão geral sobre as origens da angústia.

Nenhuma preparação do leitor, nenhuma introdução e também nenhuma – ou raramente – organização lógica do assunto, algo de que nos damos conta somente pela apresentação dessa espécie de sumário, que indica que as ideias se sucedem sem que seus encadeamentos estejam explícitos.

Freud entra no tema da inibição já nas primeiras linhas da obra, expondo alguns pontos gerais para estabelecer a distinção entre a inibição, que não é necessariamente patológica, e o sintoma, termo que designa a existência de um processo "mórbido". Mas, rapidamente, algumas páginas depois, como costuma fazer, Freud tenta superar o que acabou de dizer, afirmando que aquelas preliminares não têm qualquer interesse.

Após essa breve pausa retorna imediatamente à questão da inibição, oportunidade para enfatizar que, se a inibição é de fato uma *função* que, como tal, intervém nas outras funções do eu, é necessário considerá-las como ponto de partida e examinar como as mais essenciais entre elas podem ser afetadas pela inibição a ponto de produzir angústia. Nessa perspectiva, o exame dessas funções – função sexual, nutritiva, locomotora e laboral, sendo esta vinculada ao *trabalho profissional* e ao que pode perturbar essa função – deve permitir apreender o papel da inibição e sua ligação com a angústia, que permanece como o objeto central do trabalho.

De todas as funções do eu, é obviamente a função sexual, por seu caráter central e frágil, que permite conhecer melhor as perturbações cuja responsabilidade pode ser atribuída à inibição. O desenvolvimento complexo da função sexual e as múltiplas formas de inibição que ela pode sofrer, as quais podem ser agrupadas, no homem, sob o termo genérico de *impotência sexual* – desprazer psíquico, falta de preparo físico (ausência de ereção), brevidade do ato ou interrupção do ato –, indicam claramente a existência de uma estreita relação entre a inibição e a angústia. Essas disfunções e formas de renúncia à consumação da função sexual constituiriam, assim, uma espécie de proteção contra a angústia que poderia se desenvolver no exercício dessa função. Podemos inscrever neste ponto a fantasia, encontrada muitas vezes na literatura e no cinema, de que sem a sexualidade o ser humano viveria sem angústia. A propósito, Freud sublinha que a angústia diante do ato sexual ocorre de formas variadas, da repulsa à resistência, cuja origem pode estar ligada a uma insatisfação prévia ou a uma experiência infeliz. No que diz respeito à função alimentar do eu, a perturbação mais frequente é a falta de apetite, que deve ser atribuída a uma diminuição da libido. Prosseguindo nesse inventário das manifestações do possível desajuste das funções do eu, Freud chega rapidamente a uma primeira conclusão que elimina qualquer caráter enigmático da inibição, ao afirmar que ela "é a expressão de uma restrição funcional do eu que pode ter causas bastante diversas", essas restrições podendo ser a expressão de precauções ou o resultado de uma diminuição de energia. O caráter radicalmente funcional da inibição, que é o de uma canalização das funções do eu, permite diferenciá-la, sem hesitação, do sintoma, que não está inscrito no nível do eu.

Dessa forma, convém abordar a questão do sintoma, a ser tratada nos capítulos seguintes, os quais nos levarão à confrontação com o terceiro termo enunciado no título da obra, a angústia.

Freud começa tratando do que lhe parece incontestável, isto é, que o sintoma é, ao mesmo tempo, a marca e o substituto – onde percebemos as premissas da ideia de deciframento do sintoma que constituirá um eixo da reflexão lacaniana[4] – de uma satisfação pulsional recalcada. O sintoma é, de certa forma, a manifestação do sucesso de um recalque, um processo decorrente de um eu que se recusa, às vezes por injunção do supereu, a

---

[4] Cf. sobre o tema o livro de Erik Porge, *Lettres du symptôme*; *Versions de l'identification*. Toulouse: Érès, 2010.

endossar esse investimento pulsional, oriundo, por sua vez, do isso. Nesse ponto, surgem as dificuldades: a primeira está ligada ao "destino" dessa moção pulsional proveniente do isso, que visa a ser satisfeita, mas que foi descartada. O que acontece com ela? A resposta, já elaborada na época da *Metapsicologia* e do artigo sobre as pulsões e seu destino, consistia em dizer que, por meio do recalque, o prazer esperado, ligado à busca da satisfação da pulsão, se transformava em desprazer. Mas, então, como explicar que o desprazer pode resultar de uma satisfação, ligada ao afastamento dessa pulsão? A resposta está no fato de ter sido o eu que conseguiu desviar o curso da excitação provocada pela pulsão. Isso significa que entra em jogo essa concepção não inteiramente nova do eu, comparada ao que havia sido apresentado em *O eu e o isso*, concepção que o supõe capaz de intervir em processos pulsionais que se pensava ser exclusivos do isso.

Lembremo-nos, diz Freud, de que por muito tempo representamos o eu como completamente submisso ao isso; agora sabemos, ou deveríamos saber, que, quando uma moção pulsional perturba o eu, sua organização lhe permite emitir um sinal de desprazer, uma espécie de "preço a pagar", uma resposta às exigências do soberano princípio do prazer, instância muito poderosa, cujo papel essencial nunca devemos esquecer. Freud considera tudo isso perfeitamente estabelecido e conhecido, mas essa afirmação pode enganar, pelo menos o leitor profano, portanto, se deve deixar explícito: o que é designado aqui pelo termo *prazer* não é da ordem do que se entende geralmente quando se recorre a esse termo, nem, evidentemente, do que, com Lacan, chamaremos mais tarde de *gozo*, diferente do prazer no sentido usual do termo.[5]

As exigências do princípio do prazer decorrem da busca de uma redução das excitações, de um alívio das tensões para alcançar uma forma de equilíbrio que se pode chamar de homeostático. Além desse sacrossanto princípio do prazer, há a busca da origem, a busca da *não vida*. Podemos notar que, nesse ponto, Freud recorre, mais uma

---

[5] Em 1971, em uma conferência no hospital Sainte Anne, em Paris, Lacan advertiu seus ouvintes sobre esse mal-entendido: "Se o lerem com cuidado [o texto de Freud *Além do princípio do prazer*], verão que o princípio do prazer nada tem a ver com o hedonismo [...]. Na verdade, ele é o princípio do desprazer [...]. Em que consiste o prazer?, diz ele [Freud], e responde – em reduzir a tensão. Ao contrário, de que gozar [...]?" Lacan, Jacques. *Je parle aux murs*. Paris: Seuil, 2011, p. 29. [Ed. bras.: *Estou falando com as paredes*. Tradução de Vera Ribeiro. Rio de Janeiro: Zahar, 2011, p. 28.]

vez,[6] a uma metáfora política: diante da dominação de uma maioria em um Estado – dominação do isso – uma *camarilha*, o eu, defende-se de uma medida que a incomoda, ainda que essa medida responda aos desejos da outra fração da maioria: a *camarilha*, para atingir ou tentar atingir seus anseios, recorrerá então a meios tortuosos, à imprensa, por exemplo – ou à *mídia*, como dizemos hoje –, que procurará impedir a promulgação da lei proposta. Parece, assim, que esse avanço relativo à atuação do eu no processo de defesa implica considerar a hipótese de que a maneira como o eu rejeita um movimento interno indesejado é da mesma ordem daquela que utiliza diante de uma ameaça externa. Em todo caso, espera-se que o eu retire todo investimento da representação, ou seja, qualquer forma de satisfação que vá em direção ao *prazer* no sentido usual do termo, na realidade, na ótica lacaniana, qualquer investimento no re-

---

[6] Aproveitamos para destacar aqui a frequência, em um grande número de seus textos e de sua correspondência, com que Freud utiliza metáforas políticas e militares, a tal ponto que essa característica poderia ser objeto de uma antologia e de uma reflexão teórica – algo que, a nosso conhecimento, ainda não foi feito. Recordemos, sem ir mais longe no momento, algumas passagens, como a profecia da vidente afirmando ao jovem Freud que mais tarde ele seria... primeiro-ministro!, bem como a admiração que Freud nutria por líderes militares, como Aníbal e Cromwell.

presentante da representação, sendo *representação* ou *representante da representação*, portanto, objeto do recalque.

Observemos aqui um paralelismo, entre as reações do eu diante de um perigo pulsional (interno) e um perigo real (externo), que será desenvolvido na quarta etapa dessa jornada, momento mais importante do que se costuma supor. Prova de que esse texto é um trabalho de pesquisa que enfrenta múltiplos obstáculos na tentativa de estabelecer um quadro coerente, Freud avança por hipóteses, chegando a adiar a apresentação de explicações satisfatórias; por exemplo, no processo de recalque, como aparece a angústia? O problema, nos diz Freud, "sem dúvida não é simples", e, se podemos sustentar a ideia de que o eu é de fato o lugar da angústia, é sob a condição de *abandonar* qualquer ideia, anterior e de ordem fenomenológica, segundo a qual a energia empregada para recalcar a pulsão indesejável se transformaria automaticamente em angústia – lembrando que já em 1895 essa questão da transformação parecia difícil. Esse abandono e a nova concepção pressupõem que deixemos de lado a perspectiva *econômica* para adotar a perspectiva *dinâmica* e que se aceite a ideia – vemos tomar forma aqui o início da referida subversão – segundo a qual a angústia não se origina do recalque sem qualquer outra precondição, mas é a *repetição de uma imagem mnemônica já presente*, o vestígio de antigas experiências traumáticas.

A primeira dessas experiências no ser humano está muito provavelmente ligada ao nascimento, primeira experiência vivida de angústia, mas dizendo de forma explícita – e Freud começa aqui a indicar a importância que confere a esse evento, numa concepção bem diferente daquela de Rank – que cada prenúncio de angústia não *equivale à situação do nascimento*. Nesse ponto, Freud faz nova precisão: as formas de recalque que encontramos particularmente na análise são apenas *pós--recalques* que pressupõem um *recalque originário*, uma espécie de ponto de atração indetectável que, como tal – e do qual –, observa Freud, não sabemos muito. Notemos que, como foi dito em diversas ocasiões, e não sem razão, ainda que Lacan pouco tenha desenvolvido sua reflexão sobre o recalque, foi justamente esse recalque originário que sempre o intrigou.

Tudo isso leva a considerar que o eu é capaz de comandar o acesso à consciência, mas também tudo o que diz respeito à ação frente ao mundo exterior: devemos, então, explicitar o que está em jogo nessa mudança do papel e do poder do eu, e tentar identificar em que essa concepção do eu se diferencia e enriquece aquela exposta no ensaio *O eu e o isso*, que apresentava um eu ainda bastante submisso ao isso e ao supereu, com dificuldade de preservar um mínimo de autonomia. Freud lembra que essa visão, um tanto ultrapassada, havia conquistado em grande parte a adesão de psicanalistas que se achavam autorizados a construir "uma visão do mundo psicanalítico" a partir da ideia do eu fraco, sem considerar, ao mesmo tempo, o que começava a ser revelado sobre o recalque. Ao se dirigir a esses mesmos analistas, Freud sobe o tom outra vez: deixemos as "concepções de mundo"[7] para os filósofos, que sentem necessidade de ter sempre um guia turístico com eles – Freud cita o famoso guia *Baedeker* que levava consigo durante as excursões –, ou seja, um conjunto de certezas durante a "viagem da vida", olhando com desprezo as construções sempre provisórias dos psicanalistas. Breve mas arejada passagem neste texto denso, em que Freud sugere que o lento progresso da ciência é a única garantia de mudança no campo do

---

[7] Freud voltará mais tarde a esse ponto em um texto das *Nouvelles conférences d'introduction à la psychanalyse* (1933) [*Novas conferências introdutórias à psicanálise*] inteiramente destinado a explicar que a psicanálise não é uma concepção de mundo (*Weltanschauung*). Cf., a seguir, Capítulo 4.

conhecimento, longe do "alarido dos filósofos", que nada pode transformar: "Quando o caminhante canta na escuridão, nega sua ansiedade, mas nem por isso enxerga mais claro." Apesar dos críticos desta obra, o escritor Freud não desapareceu.

Faz-se necessário destacar o que há nessa nova concepção do eu que parece emergir das considerações precedentes.

A questão que se impõe é que podemos supor que existam relações entre o eu e o isso, de um lado, e entre o eu e o supereu, do outro: é a questão da organização da segunda tópica que, para Freud, deve ser lembrada. Considerar a existência do recalque traz uma nova luz: seria possível pensar, e são numerosos os que assim pensam, que, no processo do recalque, o eu só apareça como uma parte, uma parte geralmente indiferenciada do isso, quando é precisamente muito diferenciada dele. Para nos ajudar a acompanhá-lo, Freud recorre aqui, mais uma vez, a uma metáfora militar: "Seria totalmente injustificado imaginar que o eu e o isso sejam dois campos militares distintos; através do recalque o eu procuraria reprimir uma parte do isso, e então o restante do isso viria em socorro para atacá-lo e medir forças com o eu." Quase poderíamos imaginar uma batalha napoleônica, como Austerlitz ou Waterloo! Realmente, os limites da força do eu estão claros no fato de que *a moção que sofreu o recalque manifesta sua persistência na forma de um sintoma*, o qual *permanece autônomo em relação ao eu*. O sintoma pode, portanto, ser considerado um corpo estranho ao eu, um elemento que se manifesta de forma perturbadora onde se instalou, o que implica que o combate contra o sintoma poderia não ter fim,[8] ser continuação daquele iniciado contra a moção pulsional impertinente. Toda forma de voluntarismo contra os "rituais" mencionados anteriormente é vã. Assim, o eu reconheceria a presença inevitável e indelével do sintoma, e nada poderia fazer diante disso, o que não significa de forma alguma que encontre motivo para satisfação, e seria "tão verdadeiro e tão falso – mais uma metáfora político-bélica – quanto sustentar a opinião que o ferido de guerra só tivera a perna amputada para viver de sua pensão por invalidez e não precisar mais trabalhar".[9]

---

[8] Cf. Erik Porge, *Lettres du symptôme*; *Versions de l'identification*. *Op. cit*.

[9] Lembremos aqui que Freud, após a Primeira Guerra Mundial, interveio perante a justiça militar para, contrariando a opinião do psiquiatra Wagner-Jauregg, afirmar que a questão da simulação, equiparada a uma deserção, era uma falsa questão, uma vez que a simulação pressupunha um estado neurótico que levaria, assim como uma lesão, ao afastamento do combate.

Façamos aqui um breve parêntese para traçar um paralelo entre essa reflexão freudiana e o enunciado lacaniano que surpreendeu a muitos e que encontramos no seminário de 1976, *L'insu que sait de l'une bévue s'aile à mourre*,[10] a saber, o enunciado que fala de uma "identificação ao sintoma no final da análise", uma espécie de conclusão que Lacan não comenta, exceto para levar a discernir o caráter de *rearrumação* ou *reorganização* da análise – sem relação, portanto, com as ideias de cura ou erradicação –, o que o leva a dizer: "Saber lidar com este sintoma, saber desatá-lo, saber manipulá-lo, saber isso tem algo que corresponde ao que o homem faz com sua imagem." Quanto ao caminho percorrido, desde 1957, com a premissa inicial de que "o sintoma é uma metáfora", ele conduz a essa conclusão de identificação ao sintoma; encontraremos sua reconstituição, que conduz ao nó borromeano e constitui uma espécie de reativação da tríade freudiana *inibição, sintoma, angústia*, na já mencionada obra que Erik Porge dedicou à questão da leitura do sintoma.[11]

---

[10] O autor recorre a um jogo de palavras com "*l'insuccès de l'Unbewusst, c'est l'amour*", que dá nome ao Seminário 24 de Lacan, ainda não traduzido no Brasil. Numa tradução literal, seria algo como "o insucesso do inconsciente é o amor". [*N. da R. T.*]

[11] Cf. Erik Porge. *Lettres du symptôme; versions de l'identification*. *Op. cit.*

Um retorno ao eu, para fechar este capítulo. Por mais que se esforce, o eu não consegue domar o sintoma sempre persistente, verdadeiro descendente que prolonga a reivindicação de satisfação da moção pulsional; a única arma do eu permanece o movimento defensivo que consiste no desencadeamento do sinal de desprazer. Para ir mais longe, Freud reconhece neste ponto que, mantido esse registro geral, nos encontramos num impasse e será preciso retornar à clínica, aos famosos casos de que se orgulha, *O Homem dos Lobos*, *O Pequeno Hans*, e estudar em cada perfil neurótico, e na neurose histérica mais particularmente, como nascem os sintomas e onde, como Freud está convencido, encontraremos a questão da angústia e, sobretudo, sua relação com o recalque.

É a alusão à análise do Pequeno Hans e sua fobia de cavalos que podem mordê-lo, paralelamente à do jovem russo que teme ser devorado pelo lobo, que leva à constatação de que, em ambos os casos, há a confrontação com uma ameaça, a ameaça de castração que leva Hans a abandonar qualquer ideia de agressão contra o pai, e leva, igualmente, o jovem russo a renunciar ao desejo de ser amado por seu pai como objeto sexual, desejo cuja realização implicaria o sacrifício de seu objeto genital. Daí o resultado, tão inevitável quanto esperado, desse longo desvio, o que dá ao ensaio de 1926 seu caráter excepcional, verdadeira autocrítica em relação ao que até então se sustentava: é a angústia de castração que está na origem e que é *o motor do recalque*, e podemos, portanto, afirmar que o medo de *ser mordido pelo cavalo ou devorado pelo lobo são substitutos do risco de ser punido, isto é, castrado pelo pai*. Freud encontra aí, portanto, um obstáculo, um "rochedo", o risco da perda da integridade, obstáculo ou impasse com que Lacan não se intimidará, estabelecendo que a questão não é a perda, que seria responsável pela angústia e implicaria que nos situemos apenas no registro do *ter*, quando, na verdade, a questão é *a perda da perda* ou ainda *a falta da falta*: a angústia não está mais ligada ao risco, risco de perda, risco de ser devorado, mas à ausência, ao sempre possível desaparecimento do risco, o que realça a questão do *ser*, a angustiante questão da eternidade, donde a frase de Lacan segundo a qual "a vida seria insuportável se não houvesse a morte". Freud não chegará a essa perspectiva, que vai além de uma problemática em termos de *tudo ou nada*, mas conseguiu identificar que a angústia está ligada a um perigo, algo ameaçador ou vivido como tal, perigo indefinido, mas intrinsecamente ligado a um situação originária, a um *desamparo*, um trauma originário: há, portanto, razões para afirmar, dessa vez de maneira definitiva, que "aqui é a angústia que faz o recalque, e não, como outrora considerei, o recalque que faz a angústia". A angústia é, portanto, causa do recalque, e Freud dá um passo à frente ao afirmar que "a angústia nunca vem da libido recalcada", não há transposição, *transformação* direta da libido em angústia, porque a angústia, essa angústia identificável nas fobias, é uma "angústia do eu [...] que aparece no eu [...] e que provoca o recalque".

Lembremos que esse resultado, essa formidável reviravolta de Freud, se deve ao fato de que o pulsional só é fonte de angústia na medida em que constitui a lembrança de um perigo real, externo. De forma sintética, essa nova concepção da angústia, que não é mais o "sinal-afeto" do perigo, deve a partir de agora ser considerada, dada a onipresença do perigo de castração, como uma reação sistemática a toda forma de falta, de perda, de separação. A superação lacaniana evocada há pouco se articula precisamente nesse ponto.

Nem o autor nem o leitor poderão descansar no início deste oitavo capítulo, em que Freud se propõe a "fazer um balanço", considerando que o caminho percorrido até ali não permitiu chegar a conclusões realmente satisfatórias. A angústia é um estado, uma forma de afeto, mas essa afirmação é imediatamente temperada pela constatação de que não sabemos o que é um afeto, lembra Freud. Devemos primeiramente, portanto, considerar a ideia de que a angústia, essa angústia que é inicial, é uma forma de desprazer, mas uma forma de desprazer que é preciso definir. Nessa perspectiva, a angústia poderia ser concebida como a reprodução de uma experiência vivida marcada por um importante aumento de estímulos, experiência cujo protótipo poderia ser o trauma do nascimento. Se esta hipótese é admissível, podemos ter certeza de que a angústia se manifesta como resposta a um perigo inicial e que reaparece tão logo esse estado de ameaça se repita: a questão é então saber o que é um perigo psicológico, sabendo que o perigo fisiológico, vital, não tem nenhum conteúdo psíquico. Não sabemos praticamente nada, precisa Freud, sobre o que é o perigo sentido psiquicamente pelo bebê. Confrontado quanto a esse estado de ignorância, Freud recorre ao já mencionado livro de Rank sobre o trauma do nascimento, saudando sua "energia" antes de lançar duas críticas à obra. A primeira crítica é à hipótese de Rank segundo a qual o recém-nascido receberia impressões sensoriais cuja repetição durante seu desenvolvimento poderia despertar o trauma do nascimento, provocando, assim, angústia. Essa hipótese parece pouco provável a Freud, que não considerava aceitável a suposição de que a criança conserve sensações psíquicas do momento de seu nascimento. A segunda discordância é quanto ao fato de Rank atribuir uma forma de eficácia à memória da vida intrauterina supostamente paradisíaca: Freud confronta essa suposição com a observação, já mencionada, da angústia da criança diante da escuridão, que deveria, ao contrário, segundo Rank, lembrá-la de uma vida intrauterina supostamente feliz. Na realidade, a criança manifesta angústia quando está sozinha no escuro ou quando uma pessoa estranha aparece no lugar do objeto familiar, mais frequentemente da mãe. Freud afirma: "A angústia aparece, pois, como reação à ausência do objeto, e duas analogias se impõem: a angústia de castração tem também como conteúdo a separação de um objeto muito estimado e a angústia original fez sua aparição quando da separação da mãe." Freud constata, assim, sintetizando a crítica dirigida a Rank, que há um *continuum* entre a vida intrauterina e a primeira infância – percebe-se aqui uma espécie de prefiguração desse "arcaico" que autores como Melanie Klein e Françoise Dolto procuraram levar em conta –, contrariando a ideia segundo a qual o nascimento constituiria a ruptura fundamental capaz de explicar sozinha o surgimento da angústia, quando, na verdade, é o estado de impotência diante de uma situação que caracteriza uma excitação, estímulo incontrolável, situação definida há pouco como o desamparo inicial do bebê. Desde a perda inicial do objeto materno até a castração, o supereu entra em cena, assumindo uma espécie de impersonalização da instância parental e, ao mesmo tempo, tornando o perigo indeterminado, a angústia de castração transformando-se, então, em angústia social, angústia existencial que culmina na forma de angústia de morte, angústia para a vida.

Freud também procura verificar a tese segundo a qual o lugar da angústia é o eu, o que responde a uma lógica: se a angústia é um afeto, ela só pode ser vivida pelo eu, não sendo o isso uma instância capaz de julgar a existência ou não de um perigo. Mas podem ocorrer no isso processos que, por efeitos de repetição, produzirão crises de angústia que irão se manifestar no eu.

Ao final do capítulo VIII, após muitos desvios, hesitações e retificações, Freud nos entrega essa primeira recapitulação, de particular clareza, algo raro neste ensaio:

O perigo de desamparo psíquico corresponde na vida à época da imaturidade do eu, como o perigo da perda do objeto corresponde à ausência de autonomia dos primeiros anos da infância, o perigo de castração à fase fálica, a angústia proveniente do supereu ao período de latência. Mas todas estas situações de perigo e condições de angústia podem, contudo, coexistir e produzir reações de angústia, mesmo em épocas posteriores àquelas que acabam de ser repertoriadas, ou, ainda, muitas delas podem se revelar simultaneamente eficazes. É possível que existam, também, relações mais estreitas entre a situação eficiente de perigo e a forma da neurose subsequente.

Freud então conclui, de forma substantiva, que *a angústia de castração é o motor essencial dos processos de defesa* que levam a todo tipo de neurose, à neurose histérica, especialmente na mulher, explicando tratar-se, principalmente, do perigo representado pela perda do amor da mãe, o que muito provavelmente desempenha, como condição da angústia em sua vertente histérica, o papel que a ameaça de castração tem nas formas de fobias e na neurose obsessiva.

Freud aborda – e este será o tema do penúltimo capítulo de tão complexo ensaio – a questão da relação entre a formação de sintoma e o desenvolvimento da angústia. A tese privilegiada sobre esse ponto postula que a formação de sintoma só surge como uma forma de escapar da angústia, o que equivale a considerar a angústia como "o problema central da neurose". A prova é que toda tentativa de impedir os rituais que caracterizam a neurose obsessiva provoca uma crise de angústia, o que permite afirmar que qualquer inibição que o eu se impõe é semelhante a um sintoma. Se o sintoma constitui uma proteção do eu diante de um perigo, sua suspensão gera uma situação análoga à do nascimento, na qual o eu experimenta seu desamparo quando confrontado ao perigo pulsional. Pode-se deduzir deste esquema que o aparecimento de angústia, sinal de um perigo, provoca a formação de sintomas que suprimem ou reprimem a situação de perigo. Se essa hipótese é aceitável, é preciso estabelecer um paralelo entre o chamado processo de defesa do eu e o processo de formação de sintoma, que pode, por sua vez, assemelhar-se a uma formação de substituto, ele mesmo análogo a um *contrainvestimento*. Assim, e quaisquer sejam as objeções levantadas por Freud para fins de esclarecimento, é inevitável estabelecer um paralelo entre o processo de defesa e a fuga de um perigo real. Mesmo que com o passar dos anos muitas fontes de angústia tendam a desaparecer, deixando rastros neuróticos, e as situações de perigo pareçam ter ficado para trás, é mais justo afirmar que quase sempre essas situações de perigo se transformam com o tempo e a idade: como a angústia de castração que se encontra de alguma forma escondida sob a máscara da fobia de doenças – sífilis no tempo de Freud, aids mais recentemente –, o que significa que, já que a angústia experimentada diante das injunções e ameaças do supereu não desaparece jamais, a idade adulta não constitui uma proteção; tal precisão permite entender por que tantos indivíduos adultos permanecem infantis diante de certos perigos e não conseguem superar sua angústia, característica que marca a atitude neurótica. *O afeto de angústia tem, portanto, a característica de provocar reações que perturbam a existência incessantemente.* Essa constatação leva à pergunta – irritante, segundo Freud: "De onde vem a neurose, qual é sua motivação particular?", seguida por esta outra constatação, de rara honestidade: "Depois de décadas de esforços analíticos, este problema permanece intacto diante de nós, exatamente como no começo."

Se a angústia é uma reação ao perigo, e os perigos são comuns a todos os seres humanos, como distinguir, entre os humanos, aqueles que conseguem dominar a angústia e aqueles que fracassam nessa tarefa? Tendo descartado a resposta dada por Alfred Adler cerca de dez anos antes, Freud retorna à obra de Rank, a já mencionada *O trauma do nascimento*, enfatizando que a tentativa de resposta encontrada ali é muito mais interessante do que a resposta de Adler, centrada numa hipotética fraqueza orgânica. Rank, por sua vez, fica no campo psicanalítico: ele se volta para o objeto *perigo*, cujas possíveis diferenças de intensidade menciona. Desse ponto de vista, o choque causado pelo momento do nascimento constitui o protótipo da reação de angústia. Protótipo porque já foi destacado que todas as reações de angústia que ocorrerão a seguir terão algo em comum com a primeira, a saber, a separação da mãe, primeiramente como um processo biológico e depois como um processo de perda de objeto. Neste ponto, Freud saúda o mérito do trabalho de Rank.[12]

---

[12] Sabemos que, nessa mesma época – o que pode ser atestado pela correspondência entre os dois, e também pelas cartas a Karl Abraham e Max Eitingon sobre o mesmo assunto –, esse reconhecimento deu lugar a uma crítica – comedida, já que Freud procurava poupar a suscetibilidade de Rank por temer uma ruptura (o que não conseguiu evitar). Cf. Freud, Sigmund e Rank, Otto. *Correspondance 1907–1926*. Paris: Campagne Première, 2015. Ainda sobre a evocação a esta "crise vienense" nessas correspondências, ver também a obra de André Bolzinger, *Portrait de Sigmund Freud Trésors d'une correspondance*. Paris: Campagne Première, 2012.

O raciocínio de Rank baseia-se, portanto, nas variações de intensidade desse trauma original, nas condições mais ou menos difíceis e traumáticas do nascimento: se a força da reação de angústia lhe é correlata, seria possível concluir que a amplitude dessa angústia inicial determina em que medida o sujeito poderá dominá-la, o que corresponderia a graus de efeitos neuróticos entre a normalidade e a neurose completa. No contexto desse ensaio, Freud não entra em detalhes sobre as críticas que podem ser feitas ao trabalho, mas ele julga que o raciocínio de Rank não se apoia em nenhuma investigação séria capaz de estabelecer uma relação entre um nascimento difícil e o desenvolvimento do processo neurótico. Deve-se ressaltar que Freud detecta e contesta na abordagem de Rank uma espécie de reflexão subjacente, uma generalização semelhante à encontrada na abordagem da medicina: isolada uma causa, digamos, um bacilo, uma vez cultivado e inoculado, causaria a mesma afecção em qualquer indivíduo. "O que a psicanálise nos permite dizer", enfatiza Freud neste ponto de sua crítica a Rank, "é menos simples e menos satisfatório".[13]

---

[13] Freud, Sigmund. *Inhibition, symptôme et angoisse*. Traduzido do alemão por Joël Doron e Roland Doron. Paris: PUF, 2011. (Collection Quadrige.) [Ed. bras.: "Inibição, sintoma e angústia".

Devemos então recapitular, correndo o risco de nos repetir: quando o eu consegue se defender de uma moção pulsional perigosa, particularmente por meio do recalque, ele inibe a parte do isso correspondente, mas abandona, ao mesmo tempo, parte de sua independência – e não pode fazer nada contra o que se torna de alçada exclusiva do isso. Como o que foi recalcado está apenas no domínio do inconsciente, só pode *retornar* no curso da análise. Sem estabelecer uma causa única do estado neurótico, impossibilidade que invalida o esquema médico evocado anteriormente, Freud isola três fontes passíveis de engendrar esse estado, todas da ordem do trauma. Uma fonte biológica, decorrente do desamparo do recém-nascido e que se prolonga devido à imaturidade do bebê humano, responsável por sua vulnerabilidade diante das situações iniciais de perigo: daí resulta sua inevitável e infinita dependência, e daí a necessidade, real e profunda, de ser amado. A segunda fonte é uma contestada convicção freudiana, a fonte filogenética cuja marca ele enxerga na descontinuidade do desenvolvimento da libido desde o nascimento até a maturidade: o desenvolvimento

---

In: *Obras completas, vol. 17, Inibição, sintoma e angústia, O futuro de uma ilusão e outros textos (1926–1929)*. Tradução de Paulo César de Souza. São Paulo: Companhia das Letras, 2014, p. 99.]

precoce – sexualidade infantil – e, em seguida, o tempo de latência, que será seguido por um retorno dessa atividade libidinal, a qual se ligará, por sua vez, à atividade do primeiro período: "Estimamos, escreve Freud, que deve ter ocorrido na trajetória da espécie humana algo de importante que deixou para trás essa interrupção do desenvolvimento sexual como resíduo histórico." Convém lembrar aqui que Freud, confrontado nesse ponto por Jones e por Ernst Kris, foi adepto da lei da recapitulação, enunciada por Darwin, e popularizada por Ernst Haeckel (1834–1920), o qual defendia que a ontogênese recapitula a filogênese. A terceira fonte é de ordem psicológica e tem origem na diferenciação entre o eu e o isso, e refere-se aos efeitos do mundo externo. Por sua estreita relação com o isso, o eu é incapaz de se defender dos perigos pulsionais, vindos do interior, de forma tão eficaz quanto ao ser confrontado com um perigo externo. É precisamente essa relação com o isso que o leva a se restringir, aceitando a formação de sintomas como substitutos dos efeitos provocados constantemente pelas pulsões. A insistência destas, embora rechaçada tanto quanto possível pelo eu, provocará o "sofrimento neurótico".

Momentaneamente, Freud não avança; ele constata, numa espécie de conclusão, que sua compreensão das causas da neurose não progrediu. Essa insatisfação está, sem dúvida, na origem dos suplementos feitos a este ensaio: trata-se de três textos de diferentes tamanhos, um tanto díspares e, talvez por isso, muitas vezes negligenciados.

O título do primeiro suplemento chama a atenção pela sua importância: "Modificações de opiniões anteriores", o que pode desorientar o leitor que acompanhou o desenvolvimento um tanto caótico das "opiniões anteriores" e poderia pensar ter chegado a uma conclusão aceitável. Esse primeiro anexo trata principalmente da resistência e sua relação com o contrainvestimento, em seguida da relação entre angústia e libido, e, finalmente, do recalque e dos processos de defesa. O segundo suplemento é um retorno à angústia, no qual Freud esclarece alguns de seus pontos de vista e retifica certas afirmações anteriores; o terceiro e último constitui uma breve tentativa de explicitar as relações entre a angústia, a dor e o luto.

A ação da pulsão é contínua, e, consequentemente, o recalque, para ser ativo, nunca deve falhar – o que exige, portanto, um esforço também permanente: sem isso, a pulsão deixaria de ser reprimida e o recalque se revelaria um fracasso infinito. Para garantir sua defesa, o eu deve, assim, realizar esse esforço, o que se traduz em resistências que ocorrem no decorrer de uma análise. O que é facilmente observado no caso da neurose obsessiva pelos efeitos do que foi qualificado como contrainvestimento, ou seja, uma modificação do eu na forma de reforço de toda atitude em oposição à pulsão objeto do recalque: esse processo pode ser observado em diversas condutas, como a extrema preocupação com a limpeza ou o excesso de escrúpulos. Esses contrainvestimentos são mais difíceis de perceber no contexto da neurose histérica, onde a formação reativa, a modificação do eu, permanece ligada a um objeto preciso, sem constituir uma disposição geral do eu. Nesse caso, o contrainvestimento é fortemente dirigido para fora, para os objetos aos quais a pulsão visa: isso se manifesta evitando situações perigosas, a percepção dessas situações sendo atenuada ou até mesmo mascarada. Sobre esse ponto, Freud cita a reflexão de René Laforgue,[14] que fala de "esco-

---

[14] Psicanalista francês (1894–1962) de quem Françoise Dolto foi aluna e, em certos aspectos, herdeira. Com René Allendy, Edouard Pichon e outros, foi fundador da Sociedade Psicanalítica de Paris, sucursal francesa da Associação Psicanalítica Internacional. A noção de escotomização foi objeto de intensas discussões com Freud, que a rejeitou, argumentando particularmente que ela escondia a distinção necessária entre denegação (*Verleugnung*) e recalque (*Vredrängung*). Cf. Roudinesco, Elisabeth e Plon, Michel. *Dictionnaire de la psychanalyse*, Paris: Fayard, 1997. [Ed. bras.: *Dicionário de psicanálise*. Tradução de Vera Ribeiro e Lucy Magalhães. Rio de Janeiro: Zahar, 1998.]

tomização", sem, no entanto, retomar a polêmica que travou em 1925 com o autor sobre o conceito. Por fim, no caso das fobias, o contrainvestimento é responsável pelo distanciamento que se toma do objeto temido, como se dá entre o Pequeno Hans e os cavalos.

Ainda que esse quadro seja, como define Freud, satisfatório, ele não esgota a questão das diversas resistências que se manifestam no decorrer de uma análise. Freud distingue cinco delas, provenientes das três instâncias, eu, isso e supereu. As resistências do eu são de três ordens: resistência ligada ao recalque, sobre a qual Freud especifica que não há nada a acrescentar ao que foi dito; resistência de transferência, que põe em jogo o ambiente da análise ou a pessoa do analista e que realimenta o recalque; resistência, enfim, que decorre do benefício da doença e que implica a inscrição do sintoma no eu, a qual deve ser relacionada às manifestações que decorrem de formas de rebelião quando o analisando deve renunciar a uma satisfação. A resistência que provém do isso quando confrontado com as interpretações está na origem da perlaboração, a elaboração inconsciente, uma espécie de resposta assimiladora que tenta superar essas resistências. Por fim, a resistência que se origina no supereu, expressão de um sentimento de culpa e da necessidade de punição, é um obstáculo à "cura" no decorrer do processo analítico.

Feitas essas advertências e esclarecimentos, Freud volta à questão da angústia, observando que tanto as modificações em seu ensaio *O eu e o isso* quanto a demonstração dos limites da interpretação de Rank – que tendia a fazer do nascimento o protótipo de um estado de afeto, a matriz verdadeira de todos os outros estados de afeto por vir – tornavam possível atribuir duas origens à angústia: em um caso, a angústia seria a reação automática a uma situação de perigo comparável ao nascimento; em outro, a angústia estaria ancorada no eu como uma manobra de esquiva, funcionando como uma vacina, destinada, portanto, a evitar o aparecimento de uma forma de angústia mais violenta.

Mas Freud não esgotou a questão da angústia, que retoma ainda no segundo suplemento, no qual busca o que define como "um novo avanço" sobre o assunto que lhe trouxe, claramente, muitas dificuldades. Retorna então aos dois tipos de angústia já repertoriadas na conferência de 1917, a angústia *real*, que aparece diante de um perigo conhecido, e a angústia *neurótica*, que se instaura quando o perigo é desconhecido, e seguramente de origem interna e pulsional. Mas é preciso avançar e, para isso, ir além da simples relação entre angústia e perigo, especificando o que é designado pelo termo perigo. Convém aqui levar em conta a relação entre nossas forças de resistência e a magnitude do perigo: se essa relação nos for desfavorável, estabelece-se uma situação de desamparo – desamparo material, se o perigo for real; e desamparo psíquico, se for de origem pulsional, que não pode ser identificado. Podemos chamar tal situação de *traumática*: quando uma situação é esperada por ser a repetição de uma experiência passada, trata-se de uma situação de perigo que contém o que se pode chamar de um sinal de angústia. Certamente consciente da dificuldade desse raciocínio, Freud oferece então uma ilustração mais precisa, que podemos citar *in extenso*:

> Ora, constitui um importante progresso em nossa autopreservação que tal situação traumática de desamparo não seja simplesmente aguardada, mas prevista, esperada. A situação que inclui a condição para tal expectativa pode ser chamada situação de perigo, e nela é dado o sinal para a angústia. Esse quer dizer: "estou esperando uma situação de desamparo", ou "a situação atual me lembra uma das vivências traumáticas já sofridas. Por isso antecipo esse trauma, vou me com-

portar como se ele já tivesse chegado, enquanto ainda há tempo para afastá-lo". Portanto, a angústia é, de um lado, expectativa do trauma, e, de outro lado, repetição atenuada do mesmo. As duas características que nos chamaram a atenção na angústia têm origens diversas, portanto. Sua relação com a expectativa se liga à situação de perigo, sua indeterminação e ausência de objeto, à situação traumática de desamparo, que é antecipada na situação de perigo.[15]

O ponto crucial está no primeiro deslocamento da reação de angústia, que passa de sua origem na situação de desamparo à expectativa de uma situação de perigo.

Se a angústia é uma reação ao perigo constituído pela perda de um objeto, há outra manifestação relacionada à perda de um objeto: o luto. O que diferencia as duas situações?

Sobre essa distinção, Freud faz referência a seu estudo *Luto e melancolia*, um dos cinco ensaios que constituem sua *Metapsicologia*.[16] A pergunta precisa

---

[15] Freud, Sigmund. *Inhibition, symptôme et angoisse. Op. cit.* [Ed. bras., p. 116.]
[16] Obra composta de cinco ensaios, *As pulsões e seus destinos, O recalque, O inconsciente, Complemento metapsicológico à teoria dos sonhos* e *Luto e melancolia*. Um sexto, destinado a ser o último da série, foi encontrado por Ilse Grubrich-Simitis e trata das

é: sabendo que o luto é doloroso, quando a perda, a separação do objeto, produz angústia? Essa pergunta, Freud acrescenta logo em seguida, não receberá uma resposta definitiva. Somente indicações podem ser dadas, voltando ao que acontece com o bebê.

Imagina-se que o bebê não consegue distinguir entre uma ausência temporária do objeto, a mãe (ou um substituto) e uma perda permanente, mas o que se pode afirmar é que, além da angústia ligada à ausência do objeto, há dor, já que o bebê, nessa situação, chora como se a ausência fosse para sempre, o que resulta na dificuldade de consolá-lo. Freud evoca então a brincadeira feita pela mãe que consiste em esconder o rosto e depois mostrá-lo, para grande alegria da criança.

Note-se que Freud não aponta aqui a semelhança desse jogo com o *Fort-Da*, que a criança inventa um pouco mais tarde, e no qual Freud identifica o que acontece na pulsão de morte conceituada em seu ensaio *Além do princípio do prazer*. O exemplo do bebê permite que Freud estabeleça de maneira bem mais evidente uma diferença importante: a descoberta da ausência da mãe não é para a criança

---

neuroses de transferência e, a julgar por uma carta de Freud a Ferenczi, Freud dá a entender que ficará a cargo de seu destinatário "jogá-lo fora ou guardá-lo". Sobre o assunto, conferir o trabalho de Ilse Grubrich-Simitis, *Freud Retour aux manuscrits: faire parler des documents muets*. Paris: PUF, 1997.

uma situação de perigo, mas uma situação que assume um caráter traumático se durante esse momento de ausência a criança precisar de sua mãe.

Perda do objeto, perda de percepção, essa equivalência deve ser diferenciada da perda de amor; essa perda de amor, se ocasionada por uma manifestação de descontentamento por parte da mãe, pode ser sentida como um perigo e, assim, despertar angústia. Sem citar Rank, Freud enfatiza a necessidade de estabelecer uma explícita distinção entre a situação traumática ligada à ausência da mãe e aquela do nascimento, uma vez que no momento do nascimento não havia nenhum objeto cuja ausência o recém-nascido pudesse sentir. Só algum tempo depois – quando a mãe, satisfazendo as necessidades do recém-nascido, criou com ele um vínculo – é que pode surgir a dor, ligada à falta. Freud conclui: "Portanto, a dor é reação propriamente dita à perda do objeto, e a angústia, ao perigo que essa perda traz consigo e, em deslocamento posterior, ao perigo da perda do próprio objeto."[17] O luto, por sua vez, e é nisso que ele é específico e distinto da angústia, está ligado à realidade que exige que nos separemos do objeto, uma vez que este não existe mais.

---

[17] Freud, Sigmund. *Inhibition, symptôme et angoisse. Op. cit.* [Ed. bras., p. 121.]

4. *ANGÚSTIA E INSTINTOS*, 32ª NOVA CONFERÊNCIA INTRODUTÓRIA À PSICANÁLISE

Após graves problemas financeiros ligados à crise de 1929 que puseram em risco a saúde econômica e a própria sobrevivência da *Verlag*, Freud decide, no início de 1932, escrever uma nova série de conferências, cuja venda tinha por objetivo sanar as contas da editora. Estando doente, evidentemente Freud sabe que não poderá apresentar oralmente as novas conferências em público. Mas existe uma continuidade entre as duas séries, começando pela recusa de qualquer simplificação ou vulgarização de um trabalho que ele sabe complexo e em ruptura com o *senso comum*, mas também pela preocupação didática presente na obra.[1] O conjunto dessa nova série de conferências será escrito entre a primavera e o verão de 1932 e,

---

[1] Em seu prefácio, Freud explicita que, na impossibilidade de apresentar essas conferências oralmente em decorrência de sua doença, tentou imaginar o ambiente de um anfiteatro, pois isso talvez o ajudasse a "não esquecer a consideração" que ele deve ao leitor. Consideração que, somos tentados a dizer, esteve bem pouco presente quando escreveu o ensaio de 1926.

embora já estivesse à venda em dezembro de 1932, o livro será datado de 1933.

Como o título indica, essa conferência é composta de duas partes: uma dedicada à angústia, outra, à vida pulsional. Trataremos aqui apenas da primeira.

Desde o início, Freud nos adverte que, ainda que pretenda trazer algumas novidades sobre a questão da angústia, nenhuma delas terá caráter definitivo. A observação confirma que ele nunca teve a impressão de ter esgotado a questão da angústia, o que havia evidenciado ao final do ensaio *Inibição, sintoma e angústia*, incompletude que Lacan apontará quando se debruçar sobre a questão.

Numa espécie de prólogo à conferência, Freud começa precisando que exporá uma concepção, e não uma especulação, ou seja, apresentará um conjunto de "representações abstratas" capazes de conferir "ordem e transparência" a um material composto por processos familiares – as múltiplas facetas da angústia – que continuam, no entanto, enigmáticos. Um atestado – se ainda fosse preciso – do caráter incompleto dessa exploração da angústia.

As primeiras páginas da conferência são apresentadas como um resumo, não das conclusões do ensaio de 1926, mas da conferência que integra a primeira série publicada em 1917. Em outras palavras, o ensaio de 1926 é *pura e simplesmente omitido pelo seu autor*, o que, ainda que isso nunca tenha sido destacado, parece vir a corroborar, de maneira implícita, as muitas reservas que o texto suscitou, no mínimo, quanto à forma. Essa conferência final visa, portanto, a deixar evidenciar algo que já parecia estabelecido.

Freud insiste na ideia de que a primeira angústia surge no nascimento, com seus efeitos sobre as atividades cardíaca e respiratória, os quais conferem a essa primeira angústia seu caráter tóxico. Em poucas linhas, retoma então a distinção entre *angústia real* e *angústia neurótica*, detalhando os aspectos essenciais da segunda: um estado de expectativa, fundamento da ansiedade geral, a existência de representações específicas na origem das formas de fobias e a ausência de motivações visíveis quando a angústia se manifesta nas neuroses histéricas e obsessivas. Surge então a pergunta: *do que se tem medo na angústia neurótica?*, que não está ligada à existência de um perigo externo real, e uma segunda questão, *que relação se pode estabelecer entre as duas formas de angústia?* Conhecemos a resposta, já dada em 1917: o que se teme, a despeito das diferenças aparentes, são sempre manifestações da própria libido, com a diferença de que, na angústia neurótica, "perigo é interno, em vez de externo, e não é reconhecido de forma consciente".[2]

Freud encerra então seu resumo marcando a novidade da abordagem, que, notemos novamente, ignora o ensaio de 1926. Essa contribuição, anuncia, deve dar "uma nova orientação também no problema da angústia",[3] graças à introdução da segunda tópica, cerca de dez anos antes – precedendo, portanto, o ensaio –, em que foi apresentada a partição do psiquismo entre três instâncias: o supereu, o eu e o isso. A partir daí, fica estabelecido que só o eu pode produzir e sentir angústia, e esse avanço autoriza a relacionar os três tipos de angústia – real, neurótica e... moral – às relações distintas que o eu mantém: com o mundo exterior, angústia real; com o isso, angústia neurótica; e com o supereu, angústia moral. É essa organização que dá à tese da *angústia sinal* seu caráter primordial e que simplifica a questão das relações entre os três tipos de angústia, bem como a complexa

---

[2] Freud, Sigmund. "32. Angústia e instintos". In: *Obras completas*, vol. 18, *O mal-estar na civilização, Novas conferências introdutórias à psicanálise e outros textos (1930–1936)*. Tradução de Paulo César de Souza. São Paulo: Companhia das Letras, 2010, p. 228.
[3] *Ibidem*, p. 229.

questão do nascimento da angústia. Explicação, pois, já que a famosa questão da *transformação*, na origem da produção da angústia como consequência do recalque das pulsões libidinais, desaparece após a descoberta – Freud adverte seu leitor que o dispensará da apresentação das etapas desta descoberta, o que equivale a, mais uma vez, ignorar o ensaio de 1926 – de que "é a angústia que gera a repressão, e não, como julguei anteriormente, a repressão que gera a angústia".[4]

Mas de que angústia se trata? Da angústia produzida pela emergência de um perigo externo e ameaçador. E o que dizer da angústia neurótica que se apodera do menino, dominado pelas forças libidinais que o levam a se apaixonar pela mãe? Novamente, é um perigo externo, o medo da castração pelo pai, na qual a criança acredita, perigo reforçado pelas ameaças que ouviu quando praticava o onanismo. Em outras palavras, o perigo que se apresentava como tendo uma origem pulsional, neurótica, é na verdade materializado

---

[4] *Idem, Inhibition, symptôme et angoisse.* Traduzido do alemão por Joël Doron e Roland Doron. Paris: PUF, 2011. (Collection Quadrige.) [Ed. bras.: "Inibição, sintoma e angústia". *In: Obras completas, vol. 17, Inibição, sintoma e angústia, O futuro de uma ilusão e outros textos (1926–1929)*. Tradução de Paulo César de Souza. São Paulo: Companhia das Letras, 2014, p. 43.]

por um perigo externo vivenciado como real. Nesse ponto, Freud enriquece sua argumentação recorrendo, como já fez em outras ocasiões, a dados filogenéticos que atestam (ou atestariam) que em muitos casos, no lugar da castração, "a circuncisão de garotos foi realizada como terapia ou castigo para a masturbação, o que não era raro na sociedade anglo-americana".[5] A angústia de castração não pode ser considerada a única causa do recalque, como evidencia o fato de encontrarmos seu equivalente na mulher, para quem o que se manifesta é a angústia ligada ao risco de perder o amor, algo que observamos nos bebês logo que a mãe se ausenta. Menina ou menino, a cada idade surge uma forma de angústia ligada a um tipo de perigo, desde o desamparo (*Hilfoslogkeit*) causado pelo estado de fragilidade e impotência do bebê para satisfazer suas necessidades, até a angústia ligada aos imperativos morais transmitidos pelo supereu, passando pelo perigo de castração que caracteriza a fase fálica. Mesmo que ao longo do desenvolvimento do indivíduo as condições de angústia próprias de cada fase possam desaparecer, traços mais ou menos fortes podem ressurgir ou se manter na idade adulta na forma do que se

---

[5] *Idem*, "32. Angústia e instintos". *Op. cit.*, p. 232.

chama de *comportamentos infantis*. O sentimento de perigo de castração pode voltar, por exemplo, em doenças como a sífilis e a aids, como potenciais *castigos* pelos desejos sexuais.

Uma vez admitido que a angústia é a causa do recalque e que uma manifestação pulsional temida é sempre acompanhada por um perigo externo, passemos então à próxima pergunta: como representar o processo de recalque sob a influência da angústia? Entram em jogo, então, os aportes da segunda tópica e, portanto, o novo lugar do eu.

Para enfrentar o perigo inerente à satisfação de uma reivindicação pulsional, o eu, que conhece ou reconhece esse perigo, tentará aboli-lo absorvendo a referida moção pulsional. É uma operação perigosa, ou no mínimo difícil, uma vez que o pulsional diz respeito ao isso, instância diante da qual o eu é fraco. Para explicar – ou tentar explicar – como o eu agirá, Freud recorre, novamente, a uma metáfora militar, referindo-se ao momento particular em que um general organiza suas tropas antes de colocá-las em movimento.[6] Em outros termos, podemos afirmar que o eu antecipa o momento perigoso da satisfação pulsional, liberando

---

[6] Sem explicitar, Freud introduz aqui a dupla dimensão do tempo e do movimento, que ressurgirá muito explicitamente na abordagem de Lacan.

sentimentos de desprazer e insatisfação, permitindo, assim, que o princípio prazer-desprazer funcione e, ao mesmo tempo, autorizando o recalque dessa pulsão perigosa. Podemos visualizar isso afirmando que o eu coloca, de maneira preventiva, um dispositivo de segurança que evita um incêndio potencialmente incontrolável. Nesse ponto de seu raciocínio, Freud, sentindo que se aproxima de novas dificuldades, rompe o fio de sua argumentação, dando a palavra a seu público imaginário: "'Alto lá!', vocês dirão; 'aí já não podemos acompanhá-lo!'", e ele responde: "Têm razão", resposta que introduz esclarecimentos sobre a distinção necessária entre o que diz respeito ao eu e o que diz respeito ao isso no processo de recalque.[7]

No que diz respeito ao eu, as possibilidades são relativamente simples: ou ele se depara com uma angústia excessiva e se retrai, não tentando ou mesmo desistindo de lutar, ou então, numa segunda possibilidade, desenvolve um "contrainvestimento" que leva à formação de um sintoma. Em outros termos, diante de uma angústia limitada, diante de um simples sinal, o eu investe num outro caminho.

Nesse ponto, Freud faz uma pausa para questionar aquilo que chama de "traços de caráter", um ou

---

[7] Sigmund Freud, "32. Angústia e instintos". *Op. cit.*, p. 235.

mais traços relacionados ao eu. Mas é preciso lembrar que esse traço de caráter depende daquilo que constitui originalmente o supereu, por exemplo, tudo o que pode ser classificado sob a rubrica da proibição parental, tudo o que é produzido pelas diversas identificações que pontuam o desenvolvimento de um indivíduo. Os traços de caráter nada têm, portanto, de inatos, de "genéticos". Pelo contrário, são produto do que, de forma geral, podemos chamar de identificações e que marcam o percurso da educação.

No que diz respeito ao isso, o recalque da moção pulsional é mais complexo: abandonada a tese de que o recalque é responsável pela angústia, é preciso então diversificar a abordagem desse recalque. Mas, nesse ponto, Freud não esconde que as coisas se tornam difíceis de explicar; ouvindo ou adivinhando o "descontentamento" de seus ouvintes imaginários, ele se confessa impotente: "Quanto mais avançamos no estudo dos processos psíquicos, tanto mais reconhecemos sua profusão e complexidade. Várias fórmulas simples, que inicialmente nos pareciam apropriadas, revelaram-se depois insatisfatórias. Não nos cansaremos de mudá-las e corrigi-las."[8]

---
[8] *Ibidem*, p. 238.

Freud toma como comparação o estudo dos sonhos, no qual, constata, não houvera avanços nos quinze anos anteriores, enquanto com a angústia tudo está em constante evolução. Nada é definitivo, portanto, e tudo é constantemente reavaliado. Isso significa que se pode esperar chegar a uma conclusão satisfatória? Não é o que parece, e Freud anuncia, no máximo, um *alívio*: Tenham paciência", diz a seus ouvintes, "logo abandonaremos o tema da angústia; só não garanto que ele será resolvido a nosso contento".[9]

Por menos satisfatório que seja o fim dessa longa jornada, a angústia não mais será tratada na obra de Freud, e será preciso esperar até 1962 e 1963 para que o obstáculo que representa o fenômeno da angústia seja novamente abordado, será o trabalho de Lacan.[10]

---
[9] *Ibidem*, p. 238.
[10] Mais precisamente, no seminário realizado entre outubro de 1963 e junho de 1964, publicado pela Éditions du Seuil em 2004, com o título *L'Angoisse*, versão avalizada por Jacques-Alain Miller.

REFERÊNCIAS BIBLIOGRÁFICAS

ANDREAS-SALOMÉ, Lou. *Correspondance avec Sigmund Freud suivie du* Journal d'une année *(1912–1913)*. Paris: Gallimard, 1970.

AOUILLÉ, Sophie; BRUNO, Pierre; CHAUMON, Franck; LÉRÈS, Guy; PLON, Michel; PORGE, Erik. *Manifeste pour la psychanalyse*. Paris: La Fabrique, 2010. [Ed. bras.: *Manifesto pela psicanálise*. Tradução de Clóvis Marques. Rio de Janeiro: Civilização Brasileira, 2015.]

ASSOUN, Paul Laurent. *Dictionnaire des œuvres psychanalytiques*. Paris: PUF, 2009.

BOLZINGER, André. *Portrait de Sigmund Freud Trésors d'une correspondance*. Paris: Campagne Première, 2012.

FERENCZI, Sándor; RANK, Otto. *Perspectives de la Psychanalyse* [1924]. Paris: Payot, 1994.

FREUD, Sigmund. *La question de l'analyse profane*. Paris: Gallimard, 1985. [Ed. bras.: "A questão da análise leiga". In: *Obras completas, vol. 17, Inibição, sintoma e angústia, O futuro de uma ilusão e outros textos (1926–1929)*. Tradução de Paulo César de Souza. São Paulo: Companhia das Letras, 2014.

_____. "Du bien fondé à séparer de la neurasthénie un complexe de symptômes déterminé en tant que 'névrose d'angoisse'". In *Œuvres Complètes: Psychanalyse, vol. III, Textes psychanalytiques divers*. Paris: PUF, 1989. [Ed. bras.: "Sobre os fundamentos para destacar da neurastenia uma síndrome específica denominada 'Neurose de angústia'". *In: Edição standard brasileira das obras completas de Sigmund Freud, vol. 3, Primeiras publicações psicanalíticas*. Tradução de J. Salomão. Rio de Janeiro: Imago, 2006.]

_____. *Conférences d'introduction à la psychanalyse* (1917). Prefácio de J.B. Pontalis, Tradução de Fernand Cambon. Paris: Gallimard, 1999. [Ed. bras.: *Obras completas, vol. 13, Conferências introdutórias à psicanálise (1916–1917)*. Tradução de Sergio Tellaroli. São Paulo: Companhia das Letras, 2014.]

_____. "Post-scriptum de 1935". *In: Sigmund Freud présenté par lui-même*. Paris: Gallimard/Folio bilingue, 2003. [Ed. bras.: "Autobiografia/Pós-escritos". *In: Obras completas, vol. 16, O Eu e o Id, "Autobiografia" e outros textos*. Tradução de Paulo César de Souza. São Paulo: Companhia das Letras, 2011.]

_____. *Lettres à Wilhelm Fliess 1887–1904*. Paris: PUF, 2006. [Ed. bras.: *Correspondência completa de Sigmund Freud para Wilhelm Fliess – 1897–1904*.

Tradução de Vera Ribeiro. Rio de Janeiro: Imago, 1986].

_____. *Œuvres Complètes: Psychanalyse*, vol. II, *Études sur l'hystérie et textes annexes*. Paris: PUF, 2009. [Ed. bras.: *Obras completas, vol. 2: estudos sobre a histeria (1893–1895)* em coautoria com Josef Breuer. Tradução de Laura Barreto. Revisão de tradução de Paulo César de Souza. São Paulo: Companhia das Letras, 2016.]

_____. *Obras completas, vol. 18, O mal-estar na civilização, Novas conferências introdutórias à psicanálise e outros textos (1930–1936)*. Tradução de Paulo César de Souza. São Paulo: Companhia das Letras, 2010.

_____. *Inhibition, symptôme et angoisse*. Traduzido do alemão por Joël Doron e Roland Doron. Paris: PUF, 2011. (Collection Quadrige.) [Ed. bras.: "Inibição, sintoma e angústia". In: *Obras completas, vol. 17, Inibição, sintoma e angústia, O futuro de uma ilusão e outros textos (1926–1929)*. Tradução de Paulo César de Souza. São Paulo: Companhia das Letras, 2014.]

FREUD, Sigmund; ABRAHAM, Karl. *Correspondance complète 1907–1925*. 2ª ed. Paris: Gallimard, 2006.

FREUD, Sigmund; BLEULER, Eugen. *Lettres*. Paris: Gallimard, 2016. (Collection Connaissance de l'Inconscient.)

FREUD, Sigmund; EITINGON, Max. *Correspondance 1906–1939*. Paris: Hachette Littératures, 2009.

FREUD, Sigmund; FERENCZI, Sándor. *Correspondance 1920–1933: Les années douloureuses*. Paris: Calmann-Lévy, 2000.

FREUD, Sigmund; JONES, Ernest. *Correspondance complète 1908–1939*. Paris: PUF, 1998.

FREUD, Sigmund; PFISTER, Oskar. *Correspondance de Freud avec le pasteur Pfister 1909–1939*. Paris: Gallimard, 1966.

GAY, Peter. *Freud Une vie*. Paris: Hachette, 1991. [Ed. bras.: *Freud: uma vida para o nosso tempo*. Tradução de Denise Bottmann. São Paulo: Companhia das Letras, 1988.]

GRUBRICH-SIMITIS, Ilse. *Freud Retour aux manuscrits: faire parler des documents muets*. Paris: PUF, 1997.

JONES, Ernest. *La vie et l'œuvre de Sigmund Freud*, vol. 3. Paris: PUF, 2006. [Ed. bras.: *Vida e obra de Sigmund Freud*. Tradução de Marco Aurélio de Moura Mattos. Rio de Janeiro: Zahar, 1970.]

LACAN, Jacques. *Le Séminaire, livre III, Les psychoses*. Paris: Seuil, 1981. [Ed. bras.: *O Seminário, livro 3, As psicoses*. Tradução de Aluísio Menezes. Rio de Janeiro: Zahar, 1985, p. 123.]

_____. *L'Angoisse*. Paris: Seuil, 2004.

_____. *Le Séminaire, livre X, L's*, edição de Jacques Alain Miller. Paris: Seuil, 2004. [Ed. bras.: *O Seminário, livro 10, A angústia*. Tradução de Vera Ribeiro. Rio de Janeiro: Zahar, 2004.]

_____. *Je parle aux murs*. Paris: Seuil, 2011. [Ed. bras.: *Estou falando com as paredes*. Tradução de Vera Ribeiro. Rio de Janeiro: Zahar, 2011.]

LAPLANCHE, Jean; PONTALIS, J.-B. *Vocabulaire de la psychanalyse*. Paris: PUF, 1967. [Ed. bras.: *Vocabulário da psicanálise*. Tradução de Pedro Tamen. São Paulo: Martins Fontes, 2001.]

LUGRIN, Yves. *Impardonnable Ferenczi, Malaise dans la transmission*. Paris: Campagne Première, 2011.

MICHAUD, Henriette. *Freud éditeur*. Paris: Campagne Première, 2015.

PORGE, Erik. *Lettres du symptôme; Versions de l'identification*. Toulouse: Érès, 2010.

RANK, Otto. *Le traumatisme de la naissance* [1924]. Paris: Petite Bibliothèque Payot, 2002. [Ed. bras.: *O trauma do nascimento e seu significado para a psicanálise*. Tradução de Érica Gonçalves de Castro. São Paulo: Cienbook, 2016.]

RODRIGUÉ, Emilio. *Freud: le siècle de la psychanalyse, vol. 2*. Paris: Payot, 2000. [Ed. bras.: *Sigmund Freud: o século da psicanálise: 1895–1995, vol. 2*. São Paulo: Escuta, 1995.]

ROUDINESCO, Elisabeth; PLON, Michel Plon. *Dictionnaire de la psychanalyse*, Paris: Fayard, 1997. [Ed. bras.: *Dicionário de psicanálise*. Tradução de Vera Ribeiro e Lucy Magalhães. Rio de Janeiro: Zahar, 1998.]

SAFOUAN, Moustafa. *La psychanalyse Science, thérapie – et cause*. Paris: Thierry Marchaisse, 2014.

_____. *Lacaniana, vol. 1*. Paris: Fayard, 2001. [Ed. bras.: *Lacaniana: os seminários de Jacques Lacan*. Rio de Janeiro: Companhia de Freud, 2006.]

SCHUR, Max. *La mort dans la vie de Freud*. Tradução de Brigitte Bost. Paris: Gallimard, 1975.

SESÉ-LÉGER, Sylvie. *L'Autre Féminin*. Paris: Campagne Première, 2008.

VV.AA. "Le symptôme dans la seconde topique", *Psychanalyse*, n. 35, jan. 2016, p. 87–107.

CRONOLOGIA DE SIGMUND FREUD

1856: Sigmund Freud nasce em Freiberg, antiga Morávia (hoje na República Tcheca), em 6 de maio.
1860: A família Freud se estabelece em Viena.
1865: Ingressa no Leopoldstädter Gymnasium.
1873: Ingressa na faculdade de medicina em Viena.
1877: Inicia pesquisas em neurologia e fisiologia. Primeiras publicações (sobre os caracteres sexuais das enguias).
1881: Recebe o título de Doutor em medicina.
1882: Noivado com Martha Bernays.
1882–5: Residência médica no Hospital Geral de Viena.
1884–7: Dedica-se a estudos sobre as propriedades clínicas da cocaína, envolve-se em polêmicas a respeito dos efeitos da droga.
1885–6: De outubro de 1885 a março de 1886, passa uma temporada em Paris, estagiando com Jean-Martin Charcot no hospital Salpêtriére, período em que começa a se interessar pelas neuroses.

1886: Casa-se com Martha Bernays, que se tornará mãe de seus seis filhos.
1886–90: Exerce a medicina como especialista em "doenças nervosas".
1892–5: Realiza as primeiras pesquisas sobre a sexualidade e as neuroses; mantém intensa correspondência com o otorrinolaringologista Wilhelm Fliess.
1895: Publica os *Estudos sobre a histeria* e redige *Projeto de psicologia para neurólogos*, que só será publicado cerca de cinquenta anos depois.
1896: Em 23 de outubro, falece seu pai, Jakob Freud, aos oitenta anos de idade.
1897–9: Autoanálise sistemática; redação de *Interpretação dos sonhos*.
1899: Em 15 de novembro, publicação de *Interpretação dos sonhos*, com data de 1900.
1901: Em setembro, primeira viagem a Roma.
1902: Fundação da Sociedade Psicológica das Quartas-Feiras (que em 1908 será rebatizada de Sociedade Psicanalítica de Viena). Nomeado Professor Titular em caráter extraordinário da Universidade de Viena; rompimento com W. Fliess.
1903: Paul Federn e Wilhelm Stekel começam a praticar a psicanálise.

1904:   *Psicopatologia da vida cotidiana* é publicada em forma de livro.
1905:   Publica *Três ensaios sobre a teoria da sexualidade, O caso Dora, O chiste e sua relação com o inconsciente*. Edward Hitschmann, Ernest Jones e August Stärcke começam a praticar a psicanálise.
1906:   C. G. Jung inicia a correspondência com Freud.
1907:   Jung funda a Sociedade Freud em Zurique.
1907-8:   Conhece Max Eitingon, Jung, Karl Abraham, Sándor Ferenczi, Ernest Jones e Otto Rank.
1908:   Primeiro Congresso Psicanalítico Internacional (Salzburgo). Freud destrói sua correspondência. Karl Abraham funda a Sociedade de Berlim.
1909:   Viagem aos Estados Unidos, para a realização de conferências na Clark University. Lá encontra Stanley Hall, William James e J. J. Putman. Publica os casos clínicos *O Homem dos Ratos* e *O Pequeno Hans*.
1910:   Congresso de Nuremberg. Fundação da Associação Psicanalítica Internacional. Em maio, Freud é designado Membro Honorário da Associação Psicopatológica Americana. Em outubro, funda o Zentralblatt für Psychoanalyse.

1911: Em fevereiro, A. A. Brill funda a Sociedade de Nova York. Em maio, Ernest Jones funda a Associação Psicanalítica Americana. Em junho, Alfred Adler afasta-se da Sociedade de Viena. Em setembro, realização do Congresso de Weimar.

1912: Em janeiro, Freud funda a revista *Imago*. Em outubro, Wilhelm Stekel se afasta da Sociedade de Viena.

1912-14: Redige e publica vários artigos sobre técnica psicanalítica.

1913: Publica *Totem e tabu*.

1913: Em janeiro, Freud funda a Zeitschrift für Psychoanalyse. Em maio, Sándor Ferenczi funda a Sociedade de Budapeste. Em setembro, Congresso de Munique. Em outubro, Jung corta relações com Freud. Ernest Jones funda a Sociedade de Londres.

1914: Publica *Introdução ao narcisismo*, *História do movimento psicanalítico* e redige o caso clínico *O Homem dos Lobos*. Em abril, Jung renuncia à presidência da Associação Internacional. Em agosto, Jung deixa de ser membro da Associação Internacional.

1915: Escreve o conjunto de artigos da chamada metapsicologia, nos quais se incluem

	As pulsões e seus destinos, Luto e melancolia (publicado em 1917) e O inconsciente.
1916–17:	Publicação de *Conferências de introdução à psicanálise*, últimas pronunciadas na Universidade de Viena.
1917:	Georg Grodeck ingressa no movimento psicanalítico.
1918:	Em setembro, Congresso de Budapeste.
1920:	Publica *Além do princípio do prazer*, no qual introduz os conceitos de "pulsão de morte" e "compulsão à repetição"; início do reconhecimento mundial.
1921:	Publica *Psicologia das massas e análise do ego*.
1922:	Congresso em Berlim.
1923:	Publica *O ego e o id*; descoberta de um câncer na mandíbula e primeira das inúmeras operações que sofreu até 1939.
1924:	Rank e Ferenczi manifestam divergências em relação à técnica analítica.
1925:	Publica *Autobiografia* e *Algumas consequências psíquicas da diferença anatômica entre os sexos*.
1926:	Publica *Inibição, sintoma e angústia* e *A questão da análise leiga*.
1927:	Publica *Fetichismo* e *O futuro de uma ilusão*.
1930:	Publica *O mal-estar na civilização*; entrega do único prêmio recebido por Freud, o

Prêmio Goethe de Literatura, pelas qualidades estilísticas de sua obra. Morre sua mãe.

1933: Publica *Novas conferências de introdução à psicanálise*. Correspondência com Einstein publicada sob o título de *Por que a guerra?*. Os livros de Freud são queimados publicamente pelos nazistas em Berlim.

1934: Em fevereiro, instalação do regime fascista na Áustria; inicia o texto *Moisés e o monoteísmo*, cuja redação e publicação continuam até 1938–39.

1935: Freud é eleito membro honorário da British Royal Society of Medicine.

1937: Publica *Construções em análise* e *Análise terminável ou interminável*.

1938: Invasão da Áustria pelas tropas de Hitler. Sua filha Anna é detida e interrogada pela Gestapo. Partida para Londres, onde Freud é recebido com grandes honras.

1939: Em 23 de setembro, morte de Freud, que deixa inacabado o *Esboço de psicanálise*; seu corpo é cremado, e as cinzas colocadas numa urna conservada no cemitério judaico de Golders Green.

OUTROS TÍTULOS DA COLEÇÃO PARA LER FREUD

A interpretação dos sonhos – A caixa-preta dos desejos, por John Forrester

A psicopatologia da vida cotidiana – Como Freud explica, por Silvia Alexim Nunes

Além do princípio do prazer – Um dualismo incontornável, por Oswaldo Giacoia Junior

As duas análises de uma fobia em um menino de cinco anos: O Pequeno Hans – A psicanálise da criança ontem e hoje, por Celso Gutfreind

As pulsões e seus destinos – Do corporal ao psíquico, por Joel Birman

Compulsões e obsessões – Uma neurose de futuro, por Romildo do Rêgo Barros

Fetichismo – Colonizar o outro, por Vladimir Safatle

Freud e a fantasia – Os filtros do desejo, por Carlos Alberto de Mattos Ferreira

Histeria – O princípio de tudo, por Denise Maurano

Introdução ao narcisismo – O amor de si, por Carlos Alberto Nicéas

Luto e melancolia – À sombra do espetáculo, por Sandra Edler

O complexo de Édipo – Freud e a multiplicidade edípica, por Chaim Samuel Katz

O homem Moisés e a religião monoteísta – Três ensaios: O desvelar de um assassinato, por Betty B. Fuks

O inconsciente – Onde mora o desejo, por Daniel Omar Perez

O mal-estar na civilização – As obrigações do desejo na era da globalização, por Nina Saroldi

Projeto para uma psicologia científica – Freud e as neurociências, por Benilton Bezerra Jr.

Psicologia das massas e análise do eu – Multidão e solidão, por Ricardo Goldenberg

Totem e tabu – Um mito freudiano, por Caterina Koltai

Este livro foi composto na tipografia
ITC Berkeley Oldstule Std, em corpo 11/14,5, e
impresso em papel off-white no Sistema Cameron
da Divisão Gráfica da Distribuidora Record.